30 FOTO**TORST**

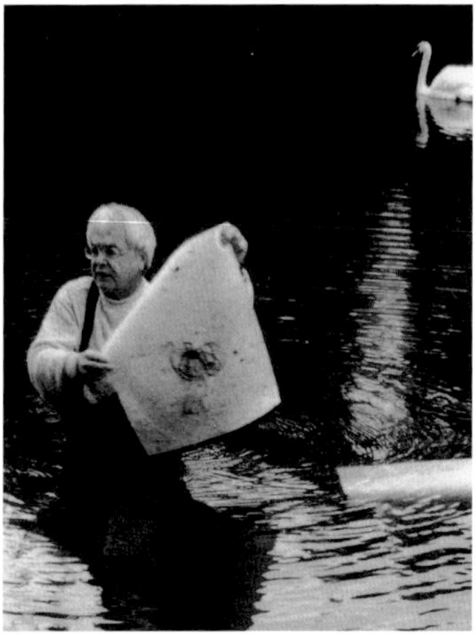

PAVEL VANČÁT

Jindřich **Přibík**

TORST

Poděkování za pomoc při přípravě knihy patří Anně Fárové, Frederiku Bulsarovi a Isabele Fárové.

ISBN 978-80-7215-347-3

Jindřich Přibík: A Photographer of Thought

"The conception of photography as the creation of perceptive constellations on a paper substance, which can be made and influenced, and latently enable participation in the 'truth of things' by means of experienced emotion, a process begun intellectually or emotionally, where intensity of experience, which is the intended aim of the artist," says Jindřich Přibík, *"provides an opportunity to participate in opening up to the meanings of things, in understanding their relations, and in sensing the substance of the world. The aesthetic, emotional or intellectual effect in a certain, unique sense of a manifestation of the truth as beauty. An element of the game, of participatory non-participation, creates the horizon of the concept. Intensity, substance is truth."* [1]

Přibík is one of the most complicated photographers in this country and perhaps anywhere. His works, intricately structured and for the time being rarely considered, are so complicated and different, that they are often understood either superficially or only in part. The works that are generally known only from fragments (which is often the case with photographers), do not make real sense until seen as a whole, in understanding their consistent and innovative qualities, which weave through the half century of Přibík's *oeuvre* and expressly refer to broader philosophical and existential questions.

One definitely cannot talk about these works being simple or photogenically attractive, unlike most photography after the Second World War. From the beginning of the 1960s Přibík set out on highly original road, often radically deconstructing the usual photographic approaches. His work to date comprises more than forty series. They were made during more than half a century, some finished in several years, others taking longer to form. Many were gradually expanded, often overlapping, weaving the complicated web of Přibík's photographic thinking.[2] We will proceed basically in chronological order, but we must bear in mind that not only the order, but also the very meaning of such a large and complicated body of work is not only unfinished but also of course diffuse.

The sorrows of the young photographer

Heinrich Karl Maximillian Přibík was born in the right place at the wrong time – Pilsen, 12 September 1944 – as the only child in a burgeois Roman Catholic family. His father was the director of the Pilsen branch of the "Přibík & Fischer" glass company. The Communist government nationalized the factory in 1950, and for the rest of his life Přibík's father struggled to make a living at a number of menial jobs. His mother, who by contrast came from a working-class family, worked her way up in the 1960s to the head of the Pilsen branch of the Dílo gallery. From his father's side he is a quarter German. According to the family tree, which Přibík's uncle, Rudolf, had drawn up, the family are direct descendents of the famous line of Přibík of Klenová (a castle near Klatovy, in the Pilsen district). This aristocratic quality is not merely an interesting historical fact, but also one of the constants of Přibík's thought, which aims toward the Absolute and does not expect instant applause. It also represents a constant of his life, which put him in the opposition from his early childhood. The temporary outsider necessarily had to grow up to be a rare bird.

Descriptions of ancient initiations are usually idyllic. On a family vacation in the Tatra mountains the eight-year-old Jindřich could observe how Erich Tylínek (1908–1991), later renowned for his nature photographs, developed brand new photos in his room at the Grand Hotel.[3] The special fragrance of developer and the fixer, the enlarger, and the dryer – all these items of picture-making alchemy embedded themselves in the memory of the little boy. Soon after the family returned to Pilsen from the mountains, Přibík's father gave him his first camera: a simple Box-Tengor. After several trial shots he returned to photography more seriously only two years later. The image of a ten-year-old boy endeavoring to photograph the reflection of the sun on the water anticipates well his future development.[4]

Přibík's godfather, Josef Čechura, an amateur photographer from Pilsen, acquainted him with the rudiments of photography. He then learnt the technical subtleties from a well-known manual by Přemysl Koblic (1892–1955), and the photography club at grammar school provided him with an opportunity to compare his photos with others. The local science library played in important role for Přibík, giving him access to the latest and earliest issues of the Swiss periodical *Camera*, in which he carefully studied the works of the great names of those days: Bischof, Kertész, Brandt, and many others. Here, Přibík absorbed what was then the "humanist canon," and it accompanied him in his early works, though his own distinctive creativity soon drew him elsewhere. As he himself now notes with the distance of time: "*The Family of Man* seemed slightly saccharine to me."[5] His winning a regional photography competition with the photograph *High Water* in 1960, was an important impulse for a sixteen-year-old boy: "it was a tremendous boost. I submitted three photos, and won two prizes." Even these early photographs, which Přibík today includes in his larger *Impressionism* series, reveal a strong sense of photogenic composition, and also the ability to work with abstraction. Already here we see part of what would characterize Přibík throughout his life: a reference to more universal principles, for the time being, however, still half-concealed in the post-war visuality.

Right after secondary school, Přibík applied to study cinematography at the Film and Television School of the Academy of Performing Arts (FAMU), Prague. He was accepted, but only after three attempts, owing to the obstacle of his burgeois background. In the meantime he was forced to "improve" his "cadre profile." First he began work as a photographer in the advertising department of the Lenin Machine Works (the short-lived new name of the Škoda Works from 1951 to 1953). There, he recalls, "I did photojournalism and made portraits of the best workers for the notice-boards." Exactly one year later he moved on to a job in the inventory department of Drobné služby (a state-owned enterprise providing household goods) and in rubber factories, in order to get his working-class colleagues to testify to his having been "re-trained." One of the jobs that was offered to this contemplative young man of bad background was that of a photographer-archivist in the West Bohemian Museum, Pilsen, a tranquil institution resisting, with the strength of its tradition, the repellent "ethos" of the new era. Here, in underground repositories, Přibík made a large set of photographs accompanied by contemplative writing. It was published as *Muzeum: Plzeň 1963* but only forty years later.[6] The nineteen-year-old photographer, who appears here in a self-portrait as a sickly, wary young man in a thick turtleneck sweater, which seemed to substitute for a Renaissance ruff, shows himself here to be almost dangerously mature, both intellectually and emotionally. One almost doesn't want to believe that the writing, for its time uniquely linked with the individual photographs, is the work of a teenager.

The oppressiveness of the times and the strong influence of Surrealism and Existentialism led to the creation of a complete work, which is in itself the life's great work. (Přibík here admits the influence of Jindřich Štyrský including Štyrský and Jaroslav Heisler's *Na jehlách těchto dní* [On the Tenterhooks of These Days, 1941], as well as Kafka, who had just been officially "rediscovered," and Joyce.) Here, Přibík manifests not only a sophisticated intellectual boldness, intelligent irony, and self-irony, but also a non-conformity of photographic vision, using long exposures, which often lasted a whole day, and illusory reflections (for example, *God* and *The Beautiful Constructive Little Roebuck*), and daring fuzziness (*Wings of Angels*). And this is just the beginning.

Přibík was working on the apparently unclassifiable *Workers* series in 1960–63, the period of his being a manual laborer. One can interpret it as more than just conforming to the "humanist" canon of those days: simple amazement at the drudgery people had to face, at their lot of a life of physical struggle and its meaning, and also at the then heavily promoted cult of the worker. The August Sander types here are presented almost as members of another species, with intense interest and sufficient distance, but retaining sympathy, though perhaps surprised. "As a kid," Přibík recalls, "I had a strong empathy for the people who were on the bottom." Though the series may give the impression of being simple social research, it is here that Přibík first touches upon questions that would develop in his future work: questions of superiority and subordination or, more generally, subject and object.

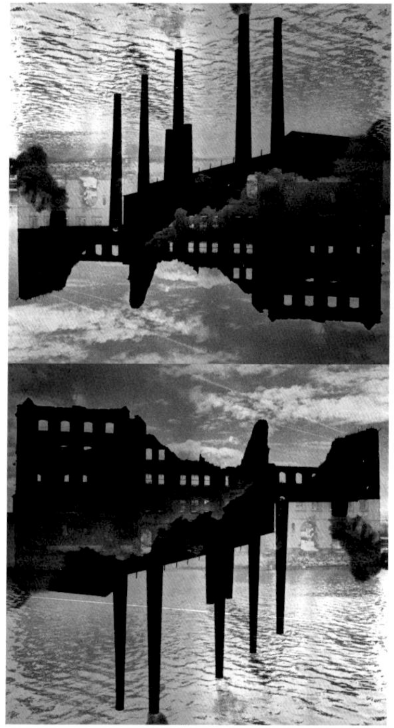

Jindřich Přibík, The Ruins are a Factory, the Factory is in Ruins / Zřícenina je továrna, továrna je zřícenina, 1967

Reflections of a picture

Under the influence of Eugène Atget (1857–1927), several of whose photos he discovered in *Camera* magazine, Přibík came to the topic of shop windows and reflections of light, brought together in the *Reflections* series. His first authentic "reflection," he says, was the photograph *Las rinde el sueño* (1962),[7] followed by others a few weeks later. With variations the series became Přibík's hallmark set for decades. In this initial stage, made in his native Pilsen, his emphasis was mainly on works with the illusion of space, a multiplicity of ways of seeing, the possibility of working with the photographic image cinematographically with the help of layering and juxtaposition. Apart from the links with the works of Jindřich Štyrský (1899–1942) and Jaromír Funke (1896–1945) in the interwar period, which Anna Fárová has pointed out,[8] there is also a link with the cinematically structured thinking of Alexandr Hackenschmied (1907–2004). Connections between Přibík and kindred spirits abroad also merits our consideration.

Harry Callahan (1912–1999) worked systematically with the theme of reflections beginning in the late 1950s. Lee Friedlander (b. 1934) and others making the "New Documents" often used the same method of photographing the hubbub of the big city. Přibík, however, is interested in reflections not only as an architectural principle, but also as a visual, technical, and even philosophical question, and has tried almost extravagantly to join together spaces and turn them into complicated virtual labyrinths. Přibík has returned to reflections throughout his life, both conceptually in multiple

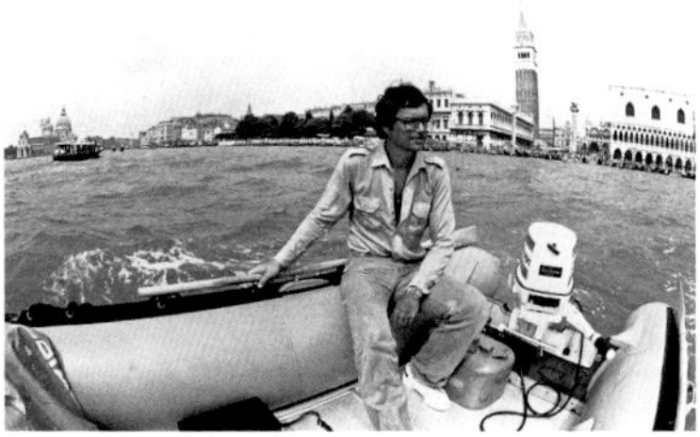

Jindřich Přibík in Venice / Jindřich Přibík v Benátkách, 1979. Photo: Helmuth Gernsheim

exposures and montages, and in photographs of shop windows, always in his own "reflective" way.

In autumn 1964 Přibík finally began studying cinematography at FAMU. In the 1960s this school was in its heyday. Important film-makers of the "Czech New Wave," including Miloš Forman, Věra Chytilová, and Jiří Menzel, were FAMU students, and Milan Kundera taught literature there. In the cinematography department an important role was played by Ján Šmok (1921–1997), who tried to establish a branch of the department for photography. When Přibík was in his second year Šmok chose four students – Jiří Erml, Pavel Vácha, Antonín Vodák, and Přibík – and made them the school's preliminary year of photography students. "At first it seemed like being demoted," Přibík recalls, "but then we were glad. There were less of us, and we were given greater privileges. I personally think that I would never have been a cameraman." Šmok also brought with him other outstanding teachers: the practical part of the course was taught by Josef Ehm (1909–1989) and Karel Plicka (1894–1987). One of the first historians of photography in the world, Rudolf Skopec (1913–1975), took students to the studios of his colleagues, including Josef Sudek (1896–1976), Tibor Honty (1907–1968), and Karel Hájek (1900–1978).[9] Šmok's enlightened teaching of photography gave the hard-to-classify Přibík the freedom he needed.[10] Přibík's nonconformist approach to genres is visible also in his series *Mácha's Máj* (1967), an exercise he did at FAMU, in which he applied animated-film approaches to this nineteenth-century classic of Czech literature. In this way he partly anticipated the waves of staged photography, which would appear in the course of the next two decades.

A layering of discourses

The best training in photography was not enough for the intellectually demanding Přibík. Beginning in 1965, in parallel with his course at FAMU, he studied philosophy at Charles University, Prague. With his portraits of Jan Patočka (1907–1977), who supervised his dissertation on Hegel's attitude towards art, the photographer pays homage to the philosopher and also shows various sides of Patočka's personality. The series of Patočka portraits oscillates between the straight-forward atmosphere of a walk in the Břevnov district of Prague on the one hand and manipulated solarization or montage of some photos on the other, culminating in a meeting between Patočka and Descartes on the surface of a single photograph.

As if Přibík were again illustrating his own journey from photography to philosophy in photographs, which, beginning in the mid-1960s, form another key part of his work – namely, the series *Montages*, which were often made from damaged glass negatives and printed on solarized paper.[11] The series *The Sentenced Man* (1965–70), which could easily be included in the *Montages* series, begins with the photographer's own words, a short paraphrase of Hegel's master-slave myth.[12] Přibík conceives this famous philosophical "picture" in his own way, taking it to absurdity in terms both of text and of image. It is as if by using old military photographs, he has parted ways with the late era of Absolute Spirit (or Absolute Mind), which was falling apart under the onslaught of the absurdity of the twentieth century. (An interesting counterpart to the existential series *The Sentenced Man* is Přibík's set of photographs for the Jára Cimrman Theatre, which was exhibited in 1967. The playful, joking spirit of the Cimrman plays set in the late Habsburg Monarchy was in tune with Přibík's aesthetic at the time, which, in multiple exposures, he uses in a uniquely humorous way.)

Přibík began to make "montages" when he was becoming interested again in the history of photography and depiction, and when the nineteenth century was slowly ceasing to be judged unworthy of serious consideration (thanks in part to the Surrealist tradition, which was unusually lively in Bohemia and enduring). For his montages Přibík mostly used old glass negatives, a collection of which he had made in the 1960s, occasionally adding his own material to it. From his first attempts, where old photographs taken by others served as allegorical elements, Přibík's approaches gradually developed all the way to their intentional destruction in the 1980s. Most of them are composed of at least two or three layers of negatives, often with solarization or other photographic means of "defamiliarization." Each of them, however, was preceded by an idea, and only then did Přibík search for the material in archives, his own as well as others'.[13]

It is in *Montages* that the two separate traditions – which in Přibík's work unexpectedly meet at the beginning of the 1960s – appear most obviously. The first is the tradition that is supremely photographic, still believing in the exclusivity and perfectness of the medium that we believe to be capable of making a true statement about the world. This tradition is derived from the *Equivalents* of Alfred Stieglitz (1864–1946) and Minor White (1908–1976), and leads to an almost mystical conception of the photographic picture; the topic of mirroring and reflecting is key here.[14] In *Montages*, however, Přibík surprisingly breaks through to the other tradition, quite incidental, "appropriative," which begins with Duchamp and blossoms fully in the 1960s and '70s in branches of art outside photography, for example, in the work of Gerhard Richter (b. 1932), Sigmar Polke (b. 1941), and Christian Boltanski (b. 1944).[15] Though composing a photographic picture from several negatives was done by Oscar Rejlander (1813–1875) a hundred years earlier, Přibík no longer desired illusion; on the contrary, he made pictures of a strictly cerebral, conceptual order. He thus anticipated the Postmodern attitude towards pictures as elements referring not only to content, but also to style.

After graduating from FAMU and from Charles University Přibík did his one-year military service with Armádní film (an institution of the Czechoslovak People's Army, founded in 1951) as a photographer. Afterwards he found employment as a photographer in the environmental studies department of the Czechoslovak Academy of Sciences. With the gradual re-establishment of hard-line Communism (with the policy of "Normalization"), however, he decided to take another way out: in autumn 1973 he left the increasingly subjugated Czechoslovakia for his father's birthplace, Brussels, Belgium.

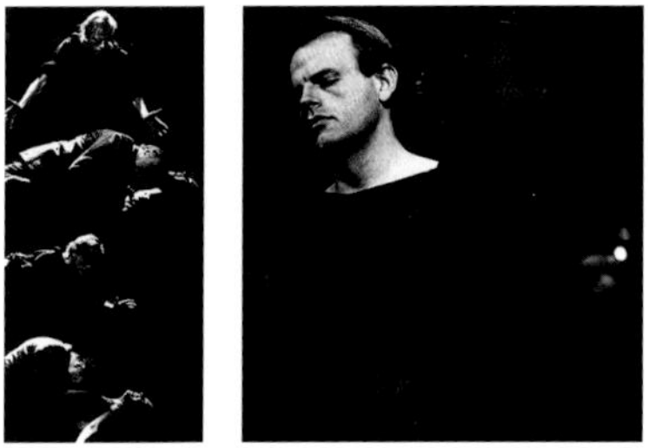

Jindřich Přibík, photography from La passion selon Pier Paolo Pasolini / fotografie z představení La passion selon Pier Paolo Pasolini, 1978 (a double-page from / dvostrana z knihy Albert-André Lheureux: Théâtre de l'Esprit Frappeur 1978/1983)

Freedom of ways of seeing

"*We are all formed in a certain value system,*" says Přibík, "*which gradually becomes our own. Our being rooted within gives us not only the feeling of certainty, but also certainty in general. We, exiled, whether exiled by ourselves or by others, we lost the miraculously calming feeling, and were suddenly faced with a surprising shift of all values and signs. Uncertainly took the place of certainty; amazement at the new captured the field from where one gained one's perspective, worries came to the fore in life itself, and at the heart of life emerged fear of being. We tried to confront that feeling by means that were particular to us and drowned out that feeling of nothingness and ruination. Photography is perhaps one of the strongest means generally available to us, and its strength in the human medium is phenomenal."*[16]

In exile, thanks to his industry and intelligence, Přibík soon found work, but in the rat race his technically intricate and time-intensive art work suddenly became an increasingly greater luxury. After the complicated experimental Prague photographs with the transposition of negatives, he increasingly began to use simple observation and the clear, but intellectually demanding emblem within a single documentary-like shot.

In *The Old Footsteps of the New Objectivity* series Přibík went back to the beginning. It was an almost art-historical return to the Modern art of the interwar period, playfully Dadaist, subtly Surrealist, but mainly outright photogenic, perhaps in opposition to the complexity of *Montages.*[17] Another loosely based series, *Nature Morte*, oscillating, as suggested by its title, between the still life and dead nature, was made gradually on various journeys. As Přibík says today: "It uses a triple filter: Surrealism, the Poetism of the Czech view of reality, and a certain subconscious regret about the natural environmental, which has accompanied me since childhood."[18]

While living abroad Přibík soon resumed his life-long theme of reflections (which this time often overlaps with another series, *Figurines*). But the reflections of interpretations, made outside his homeland, are suddenly completely different here. They reflect the emigrant's complicated attitude to the new society he finds himself in, which is based on other rules and traditions. We see here the shop window as the emigrant's special theatre, which back then reflected the strong seduction of the foreign capitalist countries, but also the feeling of the view from outside looking in at the new society. With his photographs, Přibík often rips off the mask of exclusivity, and shows in multiple exposures the surreal bizarreness of "late" society, which has to convince itself about its own purpose. As Fárová wrote about the selection of Přibík photos in 1985: *"the mirroring, reflections in glass and mirrors, reflecting the picture and creating the mask of realism, the face disintegrates and composes itself behind the glass, which is overturned outside and inside, carries the figure over to an artificial milieu, breaks the laws of perspective, and quite naturally forms an unnatural montage. The picture in Přibík's work is rarely left as is, and it is captured directly. It is always manipulated, forced to speak a language other than the language of the documentary photograph. In this whole complicated system of technical experiments, the work in the darkroom, whether with special effects or the game with negatives stacked upon each other, the result is always a certain anxiety, a tragic sense of time passing, and the futile attempt to limit the decay that the passing of time involves. Everything is permeated with the endeavor to find the magic formula that would petrify the fleeting moment and would ensure people – those fragile, sad targets – eternity. Everything has been stigmatized by his visions for more than twenty years now; nothing changes; everything is seen from almost the same angle, whether Prague or New York."*[19]

His job for Belgian theatres, mainly for the experimental Théâtre de l'Esprit Frappeur, gave Přibík not only a steady income but also an opportunity to use his individual style, simplified for the needs of quick theatre events, on theatre programs and documentary publications, but always working with mystery and multiple layers. Here too Přibík employed multiple exposure and montage, where the straight documentary approach is normally used, in order to emphasize the complexity and fatefulness of the ephemeral burden of working in theatre. He was, however, also making a living from work in advertising and mainly taking photographs of artworks and design, in which he became a sought-after professional with an international reputation.

Přibík has been well aware of the value of his own time. He has usually devoted himself to commercial work for six months of the year. The rest of the year, at least in the 1970s and 1980s, he spent travelling around the world with the money he had earned. In France, Spain, Portugal, the USA, and Canada, he thus made the series *Landscapes / Geometry*, to which he later added his works from the late 1950s as well. In his fragmented shots of geometric landscapes one encounters a bit of the abstract character of *New Topography*, recalls the urbanized landscapes of Ralph Gibson (b. 1939), and also sees clearly Přibík's newly acquired experience from working in advertising. The photos seem almost dandyish, but for the content, which is always tightly enclosed in complicated geometric knots and also existential space. Amongst the landscapes we could loosely include the *Parking* series, portraits, in a way, of lonely cars in big-city landscapes.[20]

Of Přibík's many later topics one must mention at least the *Women* series, a selection of which Přibík presented in the form of a luxury calendar in Brussels in 1985. After coming back to Bohemia Přibík turned to other genres. He made a number of photographs following on from series he had already started, as well as completely new photographs (*Homage to Drtikol*) and even performance art in the countryside. An increasingly large part of Přibík's time, however, is taken up with organizing the many works he has taken throughout his life.

The outline of Přibík's oeuvre, which I have sought to present here, shows how far he is able to go as photographer (regardless of how insufficiently that term describes Přibík) in the endeavor to investigate how photography and also reality itself "appears" in the phenomenological sense. Husserl's famous "bracketing" appears in Přibík in different ways: on the one hand, the laconic photographic gesture (for example, in the *Workers* series); on the other, the complicated montage of several negatives or the reflective labyrinths of pictures, as well as a number of references to *belles-lettres* and philosophy.

To find out what actually links such different stages of Přibík's career as an artist, one should consider at least three basic constants of his work. The first is its demanding quality, towards the viewer and mainly towards the artist himself, in raising new questions, which call forth new solutions in terms of both form and content. The second is the unfettered imagery, which made the works visually highly varied, but circling around fundamental personal topics: freedom, faith, and death. The chief constant, however, is its multilayered character, which appears from the initial parallel writing in his notes concerning the photographs from the museum in Pilsen all the way to the increasingly complicated reflections and montages. This multilayered character should, however, be understood far more broadly, in the sense of a certain reflective distance, which always convinces us of the fragmentary nature of one's view and life-long experience. That is why Přibík's work has much in common with his favorite philosophy and *belles-lettres*. It is actually based on terms that (as in the Tatras in 1953) slightly separate themselves from chaos, and to which the picture only lends a more photogenic appearance.

Notes

1 Quoted in Bob Krčil (ed.): *Česká fotografie v exilu*, Brno: Host, 1990 (written in New York in 1983), p. 50.

2 On the occasion of the double retrospective, "Jiří Erml a Jindřich Přibík: 2x," held at the National Museum of Photography, Jindřichův Hradec, spring 2008, Přibík divided his own works into 45 sets that he called "gravity fields."

3 The 1953 Communist currency reform, which came a few days later, was far less idyllic, with severe financial consequences for the Přibíks.

4 Přibík calls this 1954 photo his first art photograph.

5 From my interview with Přibík, 6 April 2008.

6 Jindřich Přibík, *Muzeum. Plzeň 1963*, Pilsen: Západočeská galerie, 2003.

7 *Sleep Overcomes Them*, after Plate 34 from Goya's *Caprichos*.

8 Anna Fárová, *Jindřich Přibík / Rekapitulace 1958–2001*, Prague: České centrum fotografie, 2001. Anna Fárová, "Přibík / Co je to alchymie obrazu," unpublished, Prague, 16 January 1985.

9 His attending FAMU also made it possible for Přibík to become professional, enabling him to be free lance, an otherwise forbidden possibility in Communist Czechoslovakia. In the late 1960s, the photographer Jindřich Brok (1912–1995) recommended him for membership in the Union of Fine Artists. To help Přibík select photographs to be judged by the Union commission, Brok sent him to the curator Anna Fárová.

10 "Šmok was a mediocre photographer, but an ingenious teacher," says Přibík today. "He ordered us to photograph 'hard' negatives and to print on 'soft' paper, but when we talked about that more than twenty years later, he admitted that it was nonsense. That, too, is part of his greatness." From my interview with Přibík, 15 April 2008.

11 One possible source of inspiration may be Přibík's childhood fascination with the glass produced in the family-owned factory, and its ability to fracture light and also simply to fracture.

12 With this series, unusual in terms of both subject matter and form, Přibík managed to break on to the international scene. Some of it was published by the renowned Swiss periodical *Camera* and the British periodical *Camera International*.

13 "I had an amazing memory," says Přibík. "I used to be able to remember as many as 20,000 negatives in which I could find my way around." From my interview with Přibík, 15 April 2008. Přibík's use of his own archive is in many respects reminiscent of Gerhard Richter's famous *Atlas*, a vast collection of various kinds of work he made from 1962 onwards, but in other media.

14 As Minor White wrote: "If the individual viewer realizes that for him what he sees in a picture corresponds to something within himself – that is, the photograph mirrors something in himself – then his experience is some degree of Equivalence." M. White, "Equivalence: The Perennial Trend," *PSA Journal* 29 (1963), no. 7, pp. 17–21.

15 A certain affinity with the work of Jiří Kolář (1914–2002) is evident: technically innovative and also working on the boundaries of various media.

16 Quoted in Anna Fárová (ed.), *Československá fotografie v exilu*, Prague: Výstavní síň Mánes, 1992, no page numbers.

17 "New Objectivity attracted me with its brutality, directness of shortcuts, condensing of elements, which are linked with quickness of movement in exile." From my interview with Přibík, 6 April 2008.

18 Ibid.

19 Anna Fárová, "Přibík / Co je to alchymie obrazu," unpublished article for the exhibition "De Prague à New York – Confusement," Brussels, 1985.

20 Here, Přibík comes close to what he calls the "outdatedness" of his photos, intentional endeavors to achieve a timeless quality of the photograph, the minimization of datable proprieties of the photo. The most dangerous are in that respect apparently cars and clothes.

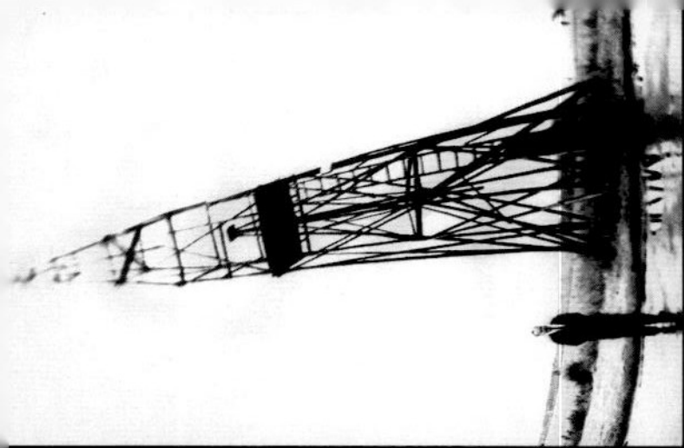

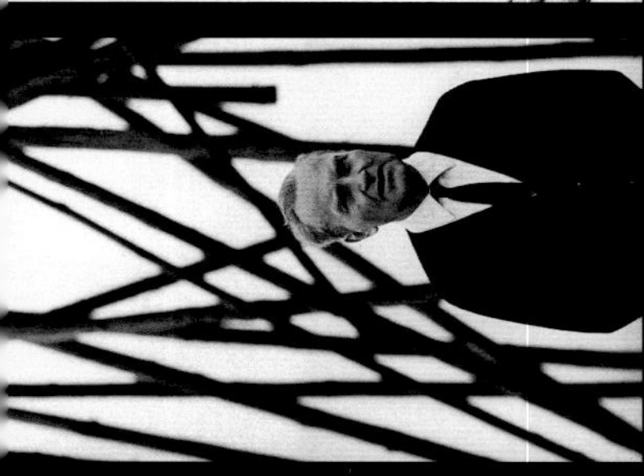

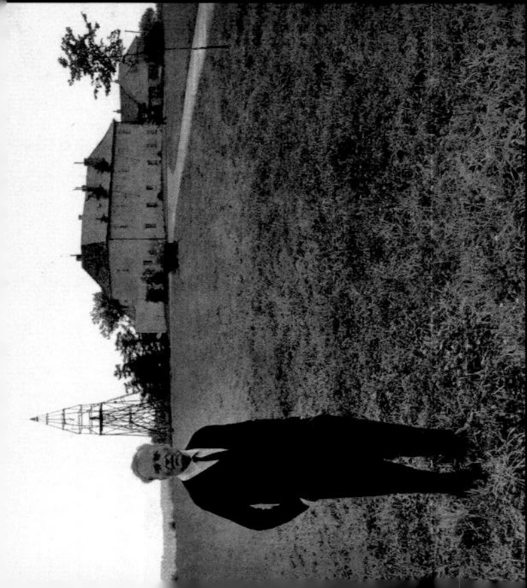

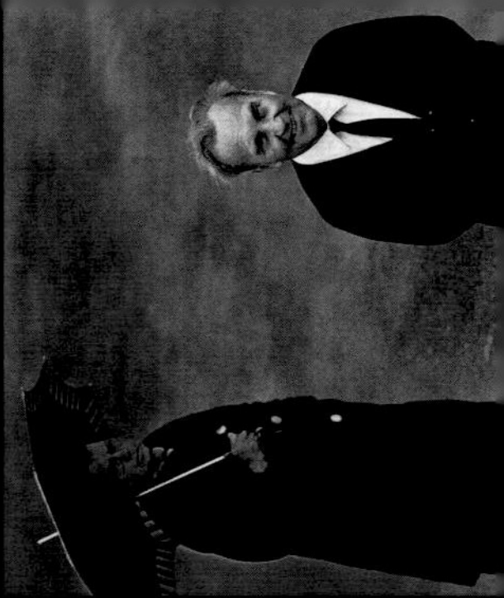

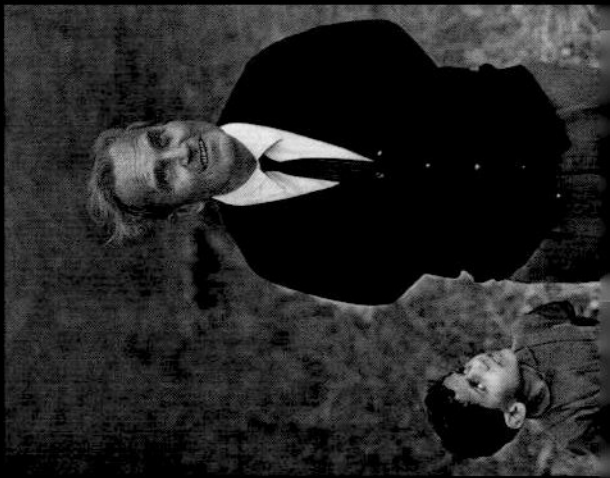

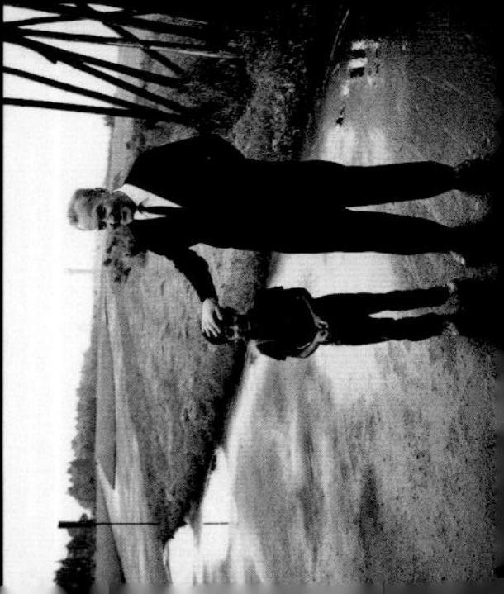

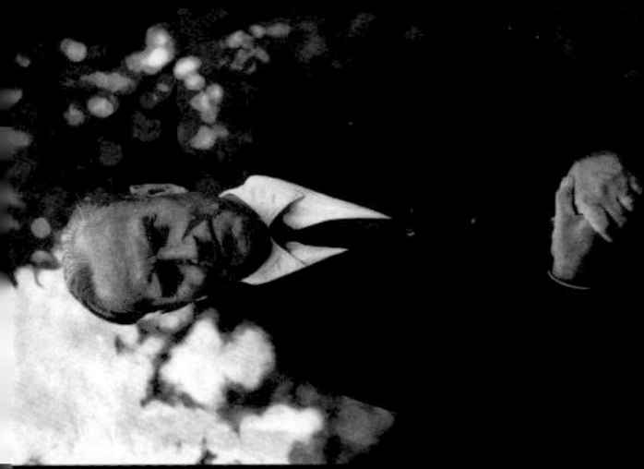
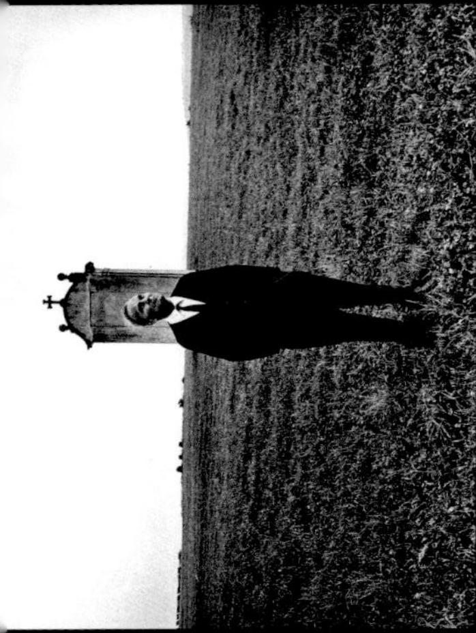
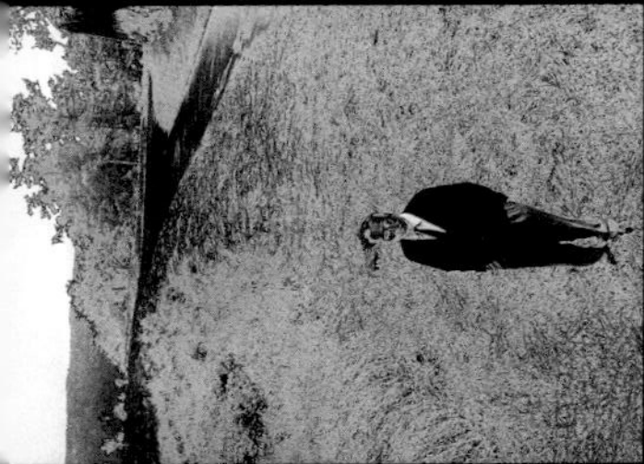
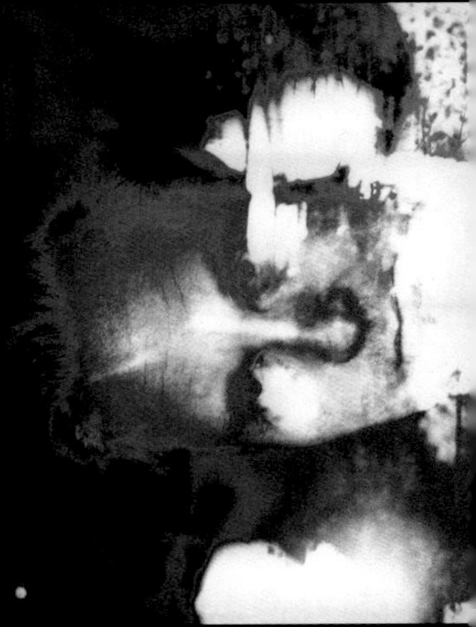
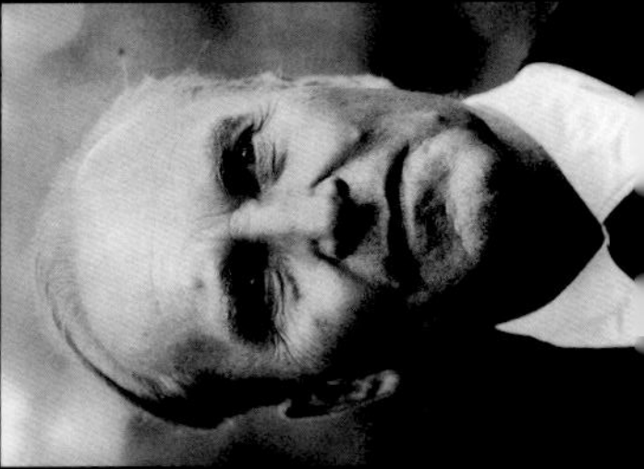
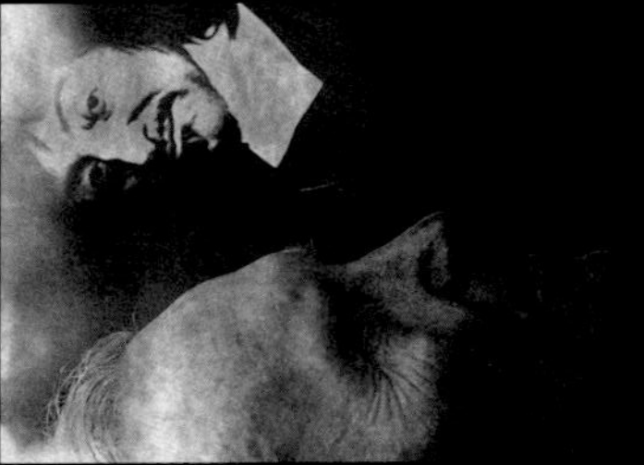

Jindřich Přibík: Fotograf myšlení

Koncepce fotografie jako zhotovované, ovlivňovatelné utváření perceptivních konstelací na papírové substanci, latentně umožňujících participaci na „pravdě věcí" prostřednictvím pociťované emoce, proces započatý intelektuálně či emotivně, kde intenzita prožitku, která je zamýšleným cílem tvůrce, poskytuje možnost zúčastnění se, v otvírání se smyslům věcí, v chápání jejich vztahů, v pociťování substance světa. Estetický, emocionální či intelektuální účinek v jistém, specificky nezastupitelném smyslu manifestace pravdy jako krásy. Prvek hry, zúčastněné nezúčastněnosti, utváří horizont konceptu. Intenzita, substance je pravda.

Jindřich Přibík[1]

Hned na začátku nezbývá než zcela otevřeně říci, že Jindřich Přibík je jedním z nejsložitějších autorů (nejen) české fotografie. V jeho díle, komplexně strukturovaném a prozatím jen málo prozkoumaném, je skryto tolik komplikovanosti a jinakosti, že bývá často pochopeno buď povrchně, nebo chaoticky. Dílo, které je obecně známé (jak bývá u fotografů často zvykem) jen z fragmentů, dává přitom úplný smysl až ve svém celku, při pochopení důslednosti a inovativnosti, která se proplétá půlstoletím Přibíkovy tvorby a která výslovně odkazuje k širším filosofickým a existenciálním otázkám.

Nemůžeme zde v žádném případě mluvit o jednoduchosti a fotogenické líbivosti, ke které směřovala většina poválečné fotografie. Přibík se již od počátku šedesátých let vydal velmi osobitou cestou, často radikálním způsobem dekonstruující běžnou fotografickou praxi. Jeho dosavadní tvorba čítá za více než půlstoletí přes čtyřicet cyklů, z nichž některé se uzavřely po několika letech, jiné se pevněji formovaly postupem času, mnohé se navíc postupně rozrůstají a často překrývají a vytvářejí tak složitou síť Přibíkova fotografického myšlení.[2] Budeme postupovat v podstatě chronologicky, je ale nutné mít na paměti, že nejen řazení, ale i samotný význam tak rozsáhlého a komplikovaného díla jsou nejen neukončené, ale samozřejmě také rozplývavé.

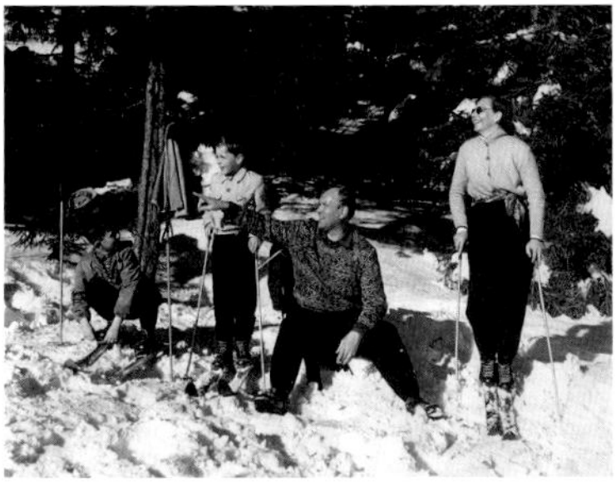

The Přibík family on holiday in the Tatras / Rodina Přibíkových na dovolené v Tatrách, 1953. Photo: Erich Tylínek

Utrpení mladého fotografa

Heinrich Karl Maximillian Přibík se narodil na správném místě v nesprávný čas – v Plzni dne 12. září 1944 – jako jediné dítě v buržoazní katolické rodině, otec byl ředitelem plzeňské pobočky sklářského podniku „Přibík a Fischer". Továrnu komunisté zkonfiskovali v roce 1950 a Přibíkův otec se po zbytek života plahočil po podřadných zaměstnáních. Maminka, která pocházela naopak z dělnické rodiny, se v šedesátých letech vypracovala na vedoucí plzeňské pobočky galerie Dílo. Z otcovy strany pochází čtvrtina Přibíkových německých genů. Dle rodokmenu, který si nechal vypracovat autorův strýc Rudolf, byla rodina přímým pokračováním slavného rodu Přibíků z Klenové. Jistá aristokratičnost není u Jindřicha Přibíka jen historickou perličkou, ale jednou z konstant jeho myšlení, mířícího k absolutnu a nestarajícího se o okamžitý aplaus. Zároveň představuje konstantu jeho životního osudu, která jej již od raného dětství stavěla do opozice. Z dočasného outsidera tak nutně musel vyrůst solitér.

Líčení dávných zasvěcení bývá idylické. Na rodinné dovolené v Tatrách mohl tehdy osmiletý Jindřich přímo sledovat, jak fotograf Erich Tylínek, později proslulý fotografiemi přírody, vyvolává v pokoji hotelu Grand čerstvé snímky.[3] Specifická vůně vývojky a ustalovače, zvětšovák a sušička – tyto propriety obrazové alchymie –, to vše utkvělo malému chlapci pevně v hlavě. Záhy po návratu dostává od otce svůj první přístroj: jednoduchý krabicový Box-Tengor. Po několika pokusných snímcích se k fotografii usilovněji vrací o dva roky později. Představa desetiletého chlapce, snažícího se vyfotografovat odraz slunce na vodní hladině, dostatečně předjímá jeho další vývoj.[4]

Se základy fotografie seznamoval Přibíka jeho kmotr, plzeňský fotoamatér Josef Čechura, technické finesy pak načerpal ze známé příručky Přemysla Koblice a možnost konfrontace s jinými mu dal fotografický kroužek na gymnáziu (tehdy označovaném jako jedenáctiletka). Důležitou roli hrála pro Přibíka místní vědecká knihovna – v ní měl přístup k nejnovějším i starším výtiskům švýcarského časopisu Camera, v němž pečlivě studoval tehdejší velká jména: Bischof, Kertész, Brandt, a mnohá další. Přibík zde nasál tehdejší „humanistický kánon", který ho provázel v počátcích tvorby, ačkoli jeho osobitá kreativita ho záhy táhla jinam. Jak dnes sám s odstupem poznamenává: „‚Lidská rodina' mi přišla lehce přeslazená."[5] Výrazným impulsem bylo pro šestnáctiletého mladíka vítězství v krajské fotografické soutěži se snímkem Velká voda v roce 1960: „bylo to strašné povzbuzení, poslal jsem tři fotky a dostal jsem dvě ceny". Již na těchto raných fotografiích, které dnes Přibík zahrnuje do širšího cyklu *Impresionismus*, se objevuje jak silný smysl pro fotogenii kompozice, tak schopnost abstrahovat. Již zde se ukazuje část toho, co bude Přibíka charakterizovat celoživotně: odkaz na obecnější principy, zatím ještě poloskrytý v poválečné vizualitě.

Ihned po jedenáctiletce se Přibík přihlásil na pražskou FAMU, obor kamera, přijat však byl kvůli závadnému buržoaznímu původu až na třetí pokus. Mezitím byl nucen si „vylepšovat" kádrový profil. Nejdříve nastoupil jako fotograf do propagačního oddělení Závodů V. I. Lenina (dříve Škodových závodů) – „fotografoval jsem reportáže a portréty nejlepších pracovníků na tabla" –, kde vydržel přesně rok, poté pracoval v inventurním oddělení Drobných služeb a v gumárnách, aby dostal od spolupracujících dělníků doklad o své „převýchově". Jedním ze zaměstnání, která se hloubavému mladíkovi se špatným původem nabízela, bylo místo fotografa-archiváře v Západočeském muzeu, poklidné instituci, odolávající silou své tradice a odlehlostí odpuzujícímu „étosu" nové doby. Zde, v podzemních depozitářích, vzniká rozsáhlý soubor fotografií doprovázených kontemplativními texty, publikovaný pod názvem *Muzeum. Plzeň 1963* až o čtyřicet let později.[6] Devatenáctiletý autor, kterého ve zmíněné knize vidíme na tehdejším autoportrétu jako neduživého a nedůvěřivého mladíka v tlustém roláku, jenž jako by mu nahrazoval renesanční okruží, se zde ukazuje jako intelektuálně i citově až nebezpečně zralý. Téměř se nechce věřit, že doprovodné texty, na svou dobu navíc ojediněle propojené s jednotlivými fotografiemi, jsou dílem tohoto teenagera. Tíživost doby a silný vliv surrealismu a existencialismu (Přibík zde přiznává vliv Štyrského a jeho a Heislerovy knihy *Na jehlách těchto dní*, stejně jako tehdy znovuobjevovaného Kafky a Joyce) však daly vzniknout celku, který je sám o sobě životním dílem. Přibík zde ukazuje nejen vytříbenou intelektuální odvahu, inteligentní (sebe)ironii, ale i nekonformnost fotografického vidění, které pracuje s dlouhými, často celodenními expozicemi, přeludnými odrazy (Bůh, Konstruktivistický srneček) či odvážnou neostrostí (Křídla andělů). A přitom jsme teprve na začátku.

Zdánlivě mimoběžným cyklem *Dělníci* se Přibík zabýval v letech 1960–63, tedy v době vlastního „dělničení". Kromě chápání ve smyslu tehdejšího „humanistického" kánonu se nabízí i další interpretace: prostý údiv nad lidskou lopotou, nad údělem celoživotní fyzické námahy a jeho smyslem, a také nad tehdy hojně propagovaným kultem dělníka. Sanderovské typy jsou zde podány téměř jako příslušníci jiného živočišného druhu, se soustředěným zájmem a dostatečným odstupem, neztrácejícím však soucit, ač třeba udivený: „už jako kluk jsem měl silnou empatii k těm, co byli dole". Ačkoli cyklus může budit zdání prosté sociální sondy, Přibík se zde poprvé dotýká otázky, která se bude vinout jeho další tvorbou: otázky po nadřazenosti a podřízenosti, či ještě obecněji: po subjektu a objektu.

Reflexe obrazu

Pod vlivem Eugène Atgeta (jehož několik snímků objevil v časopisu *Camera*) přichází Přibík k tematice výkladů a světelných odrazů, sjednocených do cyklu *Reflexy*. Jako první autentický „reflex" označuje Přibík fotografii Las rinde el sueño[7] z roku 1962, po několika týdnech následují další, a cyklus se v obměnách stává na dlouhá desetiletí Přibíkovým erbovním souborem. Když však mluvíme o oné počáteční fázi vznikající v rodné Plzni, je zde důraz kladen především na práci s iluzivním prostorem, na multiplicitu vidění, na možnost pracovat s fotografickým obrazem filmovým způsobem pomocí vrstvení a juxtapozice. Kromě souvislosti s meziválečnými pracemi Jindřicha Štyrského a Jaromíra Funkeho, na kterou upozornila již Anna Fárová,[8] se nabízí i spojitost s filmově strukturovaným myšlením Alexandra Hackenschmieda, zajímavé je však i sepětí se zahraničními autory.

Američan Harry Callahan s tematikou odrazů soustavně pracoval již od konce 50. let, Lee Friedlander a daší „noví dokumentaristé“ pak zhusta používali tutéž metodu snímání ruchu velkoměsta. Přibíka však zajímají odrazy nejen jako stavební princip, ale i jako vizuální, technický a také filosofický problém, snaží se až marnotratně propojovat prostory a vytvářet z nich složité virtuální labyrinty. K reflexům se pak Přibík vrací celý život, ať již konceptuálně v multiexpozicích a montážích, tak i ve fotografiích výkladů, vždy svým vlastním, „reflektujícím“ způsobem.

Na podzim roku 1964 nastupuje Přibík konečně ke studiu filmové kamery na vytoužené FAMU. Škola v šedesátých letech prožívá své zlaté časy, studovaly zde osobnosti „české nové vlny“ (Forman, Chytilová, Menzel a další), literaturu vyučoval Milan Kundera. V rámci katedry kamery hrál významnou roli Ján Šmok, který zde právě tehdy usiloval o vytvoření fotografického podoboru. V druhém roce Přibíkova studia si Šmok z ročníku kameramanů vybral čtveřici J. Erml, P. Vácha, A. Vodák a J. Přibík a udělal z ní nultý ročník fotografů („Ze začátku nám to přišlo jako degradace, ale pak jsme byli rádi, bylo nás méně a měli jsme větší privilegia. Osobně si myslím, že bych vlastně kameramanem nikdy nebyl,“ říká dnes Přibík). Šmok přivedl i další vynikající pedagogy: praktickou část vyučovali Josef Ehm a Karel Plicka, jeden z prvních světových historiků fotografie Rudolf Skopec zavedl studenty do ateliérů svých kolegů Sudka, Hontyho, Hájka a dalších.[9] Šmokovo osvícené vedení oboru dávalo těžko zařaditelnému Přibíkovi potřebnou volnost.[10] Na Přibíkův nonkonformní přístup k žánrům ukazuje i cyklus *Máchův Máj*, vzniklý v roce

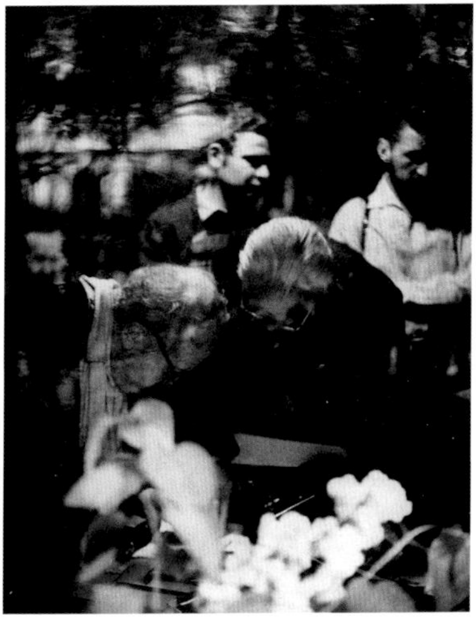

Jindřich Přibík, In Sudek's Studio / V Sudkově ateliéru, 1968 (from the left / zleva: Josef Sudek, beside him / vedle něj: Rudolf Skopec, in the back / vzadu: Antonín Vodák, Jiří Erml, and Pavel Vácha)

1967 jako cvičení na FAMU. Postupy známé tehdy z animovaného filmu aplikoval na tradiční literární látku. Částečně tím předjal vlny aranžované fotografie projevivší se v průběhu dvou dalších desetiletí.

Vrstvení diskursů

Sebelepší fotografické vzdělání Přibíkovi v jeho intelektuální náročnosti nedostačovalo. Od roku 1965 tak paralelně s FAMU studoval filosofii na Karlově Univerzitě. Skrze portréty Jana Patočky, vedoucího své diplomové práce *Hegelův vztah k umění*, zde fotograf vzdal hold filosofovi a zároveň ukázal různé polohy Patočkovy osobnosti. Cyklus Patočkových portrétů osciluje mezi bezprostřední atmosférou procházky po Břevnově a manipulovanou solarizací či montáží u některých snímků, vrcholící setkáním Patočky s Descartem na ploše jedné fotografie.

Jako by vlastní cestu od fotografie k filosofii autor ilustroval opět fotograficky, formuje se od poloviny šedesátých let další stěžejní část jeho tvorby: cyklus *Montáže*, vznikající ze starých, často poškozených skleněných negativů, zvětšovaných na solarizovaný papír.[11] Do něj volně zařaditelný cyklus *Odsouzený* (1965–70) začíná vlastním autorovým textem, krátkou parafrází Hegelova „mýtu" o pánu a rabovi.[12] Přibík slavný filosofický obraz pojímá po svém, dovádí ho do absurdních důsledků, textových i obrazových. Jako by se prostřednicvím starých vojenských fotografií loučil s končící érou Absolutního Ducha, rozpadající se pod náporem absurdity dvacátého století. (Zajímavým protipólem existenciálně laděného cyklu *Odsouzený* je soubor Přibíkových fotografií pro Divadlo Járy Cimrmana, vystavený v roce 1967. Recesistický duch cimrmanovských her zasazených do konce habsburské monarchie zde rezonuje s Přibíkovou tehdejší estetikou, kterou v multiexpozicích využívá ojediněle humorným způsobem.)

Přibík se k „montážím" dostává právě v době, kdy se pomalu začíná obnovovat zájem o historii a prehistorii fotografie a zobrazování a kdy devatenácté století pomalu přestává být veteší (svou zásluhu na tom má i surrealistická tradice, v Čechách neobvykle živá a vytrvalá). Přibík pro své montáže používal většinou staré skleněné negativy, jejichž sbírku si vytvořil během šedesátých let, občas je doplňoval o vlastní materiál. Od prvních pokusů, kde sloužily staré předlohy jako elementy alegorií, se Přibíkovy přístupy postupně vyvíjely až po jejich plánovité rozbíjení v osmdesátých letech. Většina z nich je složena alespoň ze dvou či tří negativních vrstev, často doplněných solarizací či jiným fotografickým „ozvláštěním“. U všech však byla vždy nejdříve myšlenka, a až poté se materiál hledal v archivu: jak cizím, přivlastněném, tak v Přibíkově vlastním.[13]

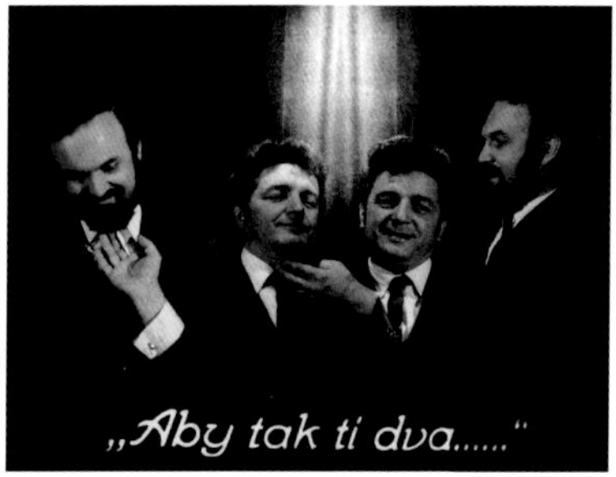

Jindřich Přibík, So That the Two... (Jára Cimrman Theatre) / „Aby tak ti dva...“ (Divadlo Járy Cimrmana), 1967

Právě v *Montážích* se nejzřetelněji ukazují dvě oddělené tradice, které se v Přibíkově tvorbě již od počátku šedesátých let nečekaně potkávají. Za prvé je to tradice navýsost fotografická, stále věřící v exkluzivitu a dokonalost média, kterému přisuzuje schopnost pravdivé výpovědi o světě. Tato tradice se táhne od Stieglitzových „ekvivalentů“ přes Minor Whitea a ústí v takřka mystické pojetí fotografického obrazu; právě téma zrcadlení a odrazů je pro ně klíčové.[14] Přibík se však v *Montážích* překvapivě prolamuje i do druhé tradice, zcela mimochodné, „apropriativní“, která začína u Duchampa a naplno propuká právě v šedesátých a sedmdesátých letech mimo fotografii, v dílech Gerharda Richtera, Sigmara Polkeho, Christiana Boltanskiho a dalších.[15] Ačkoli skládáním fotografického obrazu z více negativů se zabýval již Oscar Rejlander o sto let dříve, Přibík již neprahne po iluzi, naopak vytváří obrazy přísně mentálního, pojmového řádu. Předjímá tak postmoderní zacházení s obrazy jako elementy odkazujícími nejen na obsah, ale i na styl.

Po absolvování obou univerzit si Přibík odsloužil jednoroční vojenskou službu u Armádního filmu jako fotograf, po jejím skončení přijal fotografické zaměstnání v ekologické sekci Akademie věd. S utužující se normalizací se však pevně rozhodl pro jediné východisko: na podzim roku 1973 odchází ze stále méně svobodného Československa do rodiště svého otce, belgického Bruselu.

Svoboda vidění

Všichni jsme formováni v určitém systému názorových hodnot, který se nám poznenáhlu stává vlastním. Naše zakotvení uvnitř nám dodává, přes pocit jistoty, jistotu vůbec. My, exilovaní, ať už námi samotnými nebo prostřednictvím ostatních, jsme jednoho dne onen zázračně uklidňující pocit ztratili a byli vystaveni náhle překvapujícímu posunu všech hodnot a znamení. Nejistota vystřídala jistotu, úžas z nového ovládl náhledové pole názorů, starost se dostala do popředí existence a v jádru existence se vynořil strach z bytí. Snažili jsme se čelit tomuto pocitu prostředky, které nám byly vlastní a které přehlušovaly a dodávaly smysl onomu pocitu nicoty a zmaru. Fotografie je možná jedním z nejsilnějších prostředků, který je nám obecně k dispozici a její síla je v lidském médiu fenomenální.

Jindřich Přibík[16]

Přibík díky své píli a inteligenci v exilu záhy našel uplatnění, ale v existenčním shonu se pro něj najednou stala technicky složitá a časově náročná autorská tvorba čím dál tím větším luxusem. Po komplikovaných experimentálních pražských pokusech s transpozicí negativů se ke slovu mnohem více dostává jednoduchý postřeh, jasná, ale o nic méně intelektuálně náročná zkratka v rámci jednoho dokumentárně laděného snímku.

V cyklu *Ve starých stopách nové věcnosti* se Přibík vrací na začátek, jde tu o až kunsthistorický návrat k meziválečné moderně, hravě dadaistický, jemně surrealistický, ale především zpříma fotogenický, snad jako opozice složité komplexnosti předcházejících *Montáží*.[17] Další volný cyklus *Nature Morte*, oscilující ve smyslu názvu mezi zátiším a mrtvou přírodou, vznikal průběžně na cestách. Jak dnes říká sám autor: „je tam trojí filtr: surrealismus, poetismus českého pohledu na realitu, a je tam určité povědomí ekologické lítosti, která mě provází od dětství až dodnes.“[18]

V exilu Přibík záhy navazuje i na své celoživotní téma reflexů (které se tentokrát často prolínají s dalším cyklem nazvaným *Figuríny*). Avšak reflexy výkladů, vzniklé za hranicemi vlasti, jsou najednou zcela jiné. Odráží se v nich složitý vztah exulanta k nové společnosti založené na jiných pravidlech a tradicích. Vidíme tu výlohu jako speciální exulantovo divadlo, odrážející tehdy tak silnou svůdnost kapitalistické ciziny, ale také pocit pohledu zvnějšku na novou společnost. Přibík svými fotografiemi masku exkluzivity často strhává, ukazuje v multiexpozici surreálnou bizarnost „pozdní“ společnosti, která musí přesvědčovat samu sebe o svém smyslu. Jak napsala k výběru z Přibíkovy tvorby v roce

1985 Anna Fárová, „*zrcadlení, odraz i se sklem a zrcadlem, jež odráží obraz a vytváří masku realismu, tvář se rozkládá i skládá za sklem, jež převrací vnějšek a vnitřek, přenáší postavu do umělého prostředí, ruší zákony perspektivy a zcela přirozeně utváří nepřirozenou montáž. Obraz u Přibíka je zřídkakdy ponechán tak, jak je, a zachycen bezprostředně, je vždy manipulován, donucen mluvit jinou řečí než řečí dokumentu. Celý ten složitý systém technických pokusů, práce v temné komoře, ať už jde o zvláštní efekty nebo o hru s negativy kladenými na sebe, výsledkem je vždy určitá úzkost, tragický pocit ubíhajícího času a marná snaha zamezit chátrání, které s sebou ubíhající čas nese. Vše prostupuje snaha najít kouzelný lektvar, který by petrifikoval prchavý okamžik a který by člověku – tomu křehkému a smutnému terči – zajistil věčnost. Vše je stigmatizováno jeho vizemi už více než dvacet let, nic se nemění, vše je viděno v téměř stejném úhlu, Praha stejně jako New York.*“[19]

Angažmá pro belgická divadla, především pak experimentální *Théâtre de l'Esprit Frappeur*, dává Přibíkovi kromě existenčního zajištění také možnost uplatnit v praxi na stránkách programů a dokumentačních publikací svůj osobitý styl, zjednodušený pro potřeby rychlé divadelní akce, avšak stále pracující se záhadností a mnohovrstevností. Multiexpozice a montáže používá Přibík i na této půdě, vyhrazené většinou přímému dokumentarismu, aby zdůraznil složitost a osudovost efemérní divadelní řehole. Nelze pominout ani další zdroje jeho obživy: reklamu a především reprodukci umění a designu, v níž se stal celosvětově vyhledávaným profesionálem.

Přibík zná dobře cenu svého času. Komerční práci se věnuje vždy polovinu roku, druhou pak během sedmdesátých a osmdesátých let za vydělané peníze tráví na cestách po celém světě. Na rozličných místech různých zemí (Francie, Španělsko, Portugalsko, Spojené státy, Kanada) tak vzniká cyklus *Krajiny / Geometrie*, do kterého později autor zařadil i své starší práce od konce padesátých let. Ve fragmentarizovaných záběrech geometrických krajin najdeme trochu odtažitosti *Nové topografie*, vzpomeneme si na urbanizované krajiny Ralpha Gibsona, jasně je zde znát také nová Přibíkova zkušenost z reklamní praxe. Snímky působí až šviháckly, nebýt obsahu, který je pokaždé úzce sevřený do složitých uzlů geometrického a zároveň existenciálního prostoru. Ke krajinám můžeme volně přiřadit i cyklus *Parking*, jakési portréty osamělých automobilů ve velkoměstských scenériích.[20]

Z mnoha pozdějších Přibíkových témat je nutno zmínit ještě alespoň cyklus *Ženy*, jehož výběr Přibík prezentoval ve formě výpravného kalendáře v roce 1985 v Bruselu. Po návratu do Čech se Přibík obrací k dalším žánrům.

Vzniká řada fotografií navazující na rozpracované cykly, stejně jako zcela nové snímky (Pocta Drtikolovi) a dokonce i performance v krajině. Stále větší část času však Přibíkovi zabírá pořádání jeho rozsáhlé dosavadní práce.

Nastíněná křivka Přibíkovy tvorby ukazuje, kam až je fotograf (nehledě na to, nakolik je toto slovo pro Přibíka dostačující) schopen dojít při snaze o prozkoumání toho, jak se fotografie a potažmo skutečnost sama „jeví" ve smyslu fenomenologickém. Slavné Husserlovo „uzávorkování" se u Přibíka projevuje rozličně: na jedné straně lakonickým fotografickým gestem (kupříkladu v cyklu *Dělníci*), na druhé straně složitou montáží z několika negativů či reflexivními labyrinty obrazů, stejně jako řadou literárních a filosofických odkazů.

Chceme-li zjistit, co vlastně spojuje tak různorodé etapy Přibíkovy tvůrčí dráhy, najdeme minimálně tři základní konstanty: za prvé je to *náročnost*. Náročnost směrem k divákovi a především s sobě samému, v kladení otázek doposud neznámých, které vyvolávají nová formální i obsahová řešení. Za druhé je to nespoutaná *obraznost*, která vytváří dílo vizuálně silně rozrůzněné, avšak kroužící kolem zásadních osobních témat: svobody, víry a smrti. Tím nejhlavnějším rysem je však *mnohovrstevnost*, projevující se od počátečních textových paralel v zápiscích k fotografiím z plzeňského muzea ke stále složitějším reflexům a montážím. Tuto mnohovrstevnost je však třeba chápat daleko šířeji, ve smyslu jisté reflexivní distance, která nás vždy ubezpečuje o fragmentárnosti pohledu i celé životní zkušenosti. Proto má Přibíkova tvorba velmi blízko k jeho oblíbené filosofii a literatuře. Je vlastně založena na pojmech, které se (tak jako v Tatrách roku 1953) zlehka vydělují z chaosu, a kterým obraz jen propůjčuje fotogeničtější tvář.

Poznámky

1 In: Bob Krčil (ed.): *Česká fotografie v exilu*, Brno, Host 1990 (připraveno roku 1983 v New Yorku), s. 50.

2 Při příležitosti dvojité celoživotní retrospektivy *Jiří Erml a Jindřich Přibík: 2x* v Národním muzeu fotografie v Jindřichově Hradci na jaře 2008 rozdělil Přibík vlastní tvorbu do 45 autorských celků, takzvaných „gravitačních polí".

3 Méně idylická byla komunistická měnová reforma, která následovala pár dní poté a na rodinu těžce finančně dolehla.

4 Sám Přibík označuje za první autorskou fotografii již svůj snímek z roku 1954.

5 Z mého rozhovoru s autorem 6. 4. 2008.

6 Jindřich Přibík: *Muzeum. Plzeň 1963*, Plzeň, Západočeská galerie 2003.

7 Zmáhá je spánek – dle grafiky č. 34 Goyových *Caprichos*.

8 Anna Fárová: *Jindřich Přibík / Rekapitulace 1958–2001*, Praha, České centrum fotografie 2001. Anna Fárová: Přibík / Co je to alchymie obrazu (Praha, 16. ledna 1985, nepublikovaný text).

9 Studium na FAMU Přibíkovi umožnilo také profesionalizaci, dávající v komunistickém Československu jinak zapovězenou možnost svobodného povolání. Koncem šedesátých let jej fotograf Jindřich Brok doporučil ke kandidatuře na přijetí za člena Svazu výtvarných umělců, pro výběr prací do komise jej poslal za kurátorkou Annou Fárovou.

10 „Šmok byl průměrný fotograf, ale geniální pedagog" říká k tomu dnes Přibík, „nakazoval nám sice fotografovat tvrdé negativy a zvětšovat na měkké papíry, ale když jsme se o tom bavili po více než dvaceti letech, osobně přiznal, že to byla blbost. I v tom spočívala velikost jeho osobnosti." (Z mého rozhovoru s autorem 15. 4. 2008)

11 Jako jednu z možných inspirací lze uvést i Přibíkovu dětskou fascinaci sklem, vyráběným v rodinné továrně, a jeho světelnou i materiálovou lámavostí.

12 S tímto cyklem, neobyklým jak námětově, tak formálně, se Přibíkovi podařilo prorazit i na mezinárodní půdě. Část z něj přetiskl proslulý švýcarský časopis *Camera*, a také britská *Camera International.*

13 Z mého rozhovoru s autorem 15. 4. 2008: „měl jsem fenomenální paměť, pamatoval jsem si až 20 tisíc negativů, ve kterých jsem se popaměti orientoval". Způsob Přibíkovy exploatace vlastního archivu může v mnohém připomínat proslulý Atlas Gerharda Richtera, ovšem přeložený do jiného média.

14 Jak napsal právě Minor White: „Pokud si divák uvědomuje, že to, co vidí na obraze, koresponduje s něčím uvnitř něj samého – tedy že fotografie zrcadlí něco v něm – pak je jeho zkušenost jistým druhem ‚ekvivalence'." (Minor White: Equivalence: The Perennial Trend, in: *PSA Journal* 29 (1963), č. 7, s. 17–21)

15 Jistou spřízněnost zde můžeme najít i s dílem Jiřího Koláře, technicky inovativním a taktéž pracujícím na pomezí různých médií.

16 In: Anna Fárová (ed.): *Československá fotografie v exilu*, Praha, Výstavní síň Mánes 1992, nestránkováno.

17 „Nová věcnost mě přitahovala svojí brutalitou, přímostí zkratky, kondenzací elementů, která souvisí s rychlostí pohybu v emigraci." (Z mého rozhovoru s autorem 6. 4. 2008).

18 Z mého rozhovoru s autorem 15. 4. 2008.

19 Anna Fárová: Přibík / Co je to alchymie obrazu (nepublikovaný text k výstavě *De Prague à New York – Confusement*, Brusel 1985).

20 Tady se Přibík úzce dotýká toho, čemu říká *„neaktuálnost"* svých snímků, záměrné snahy o bezčasovou kvalitu fotografie, o minimalizaci datovatelných propriet snímku. Nejnebezpečnější jsou prý v tomto ohledu právě automobily a móda.

IMPRESSIONISM / IMPRESIONISMUS (1953–1963)

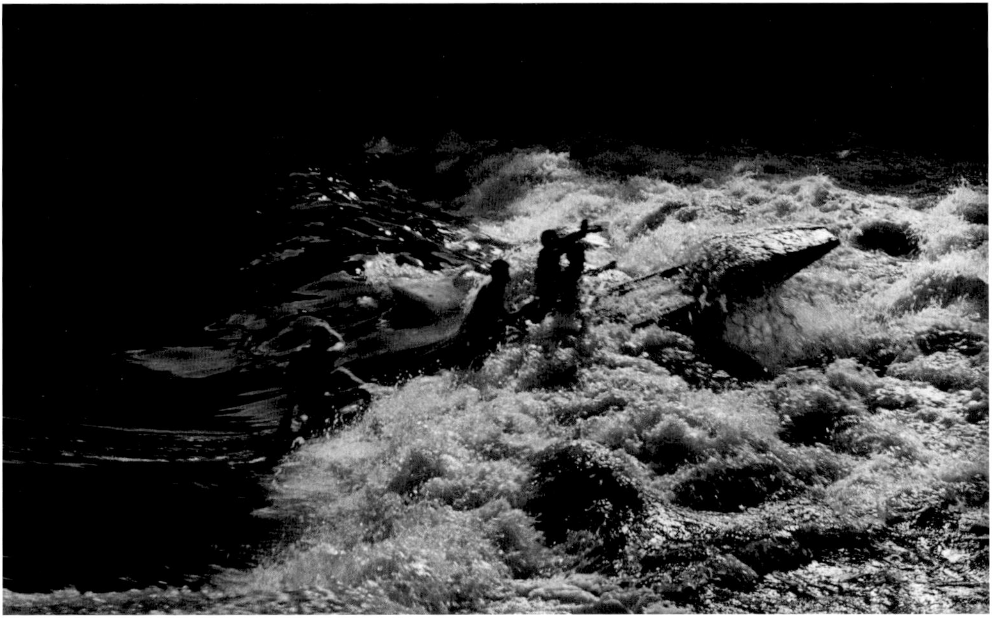

1 **1959**

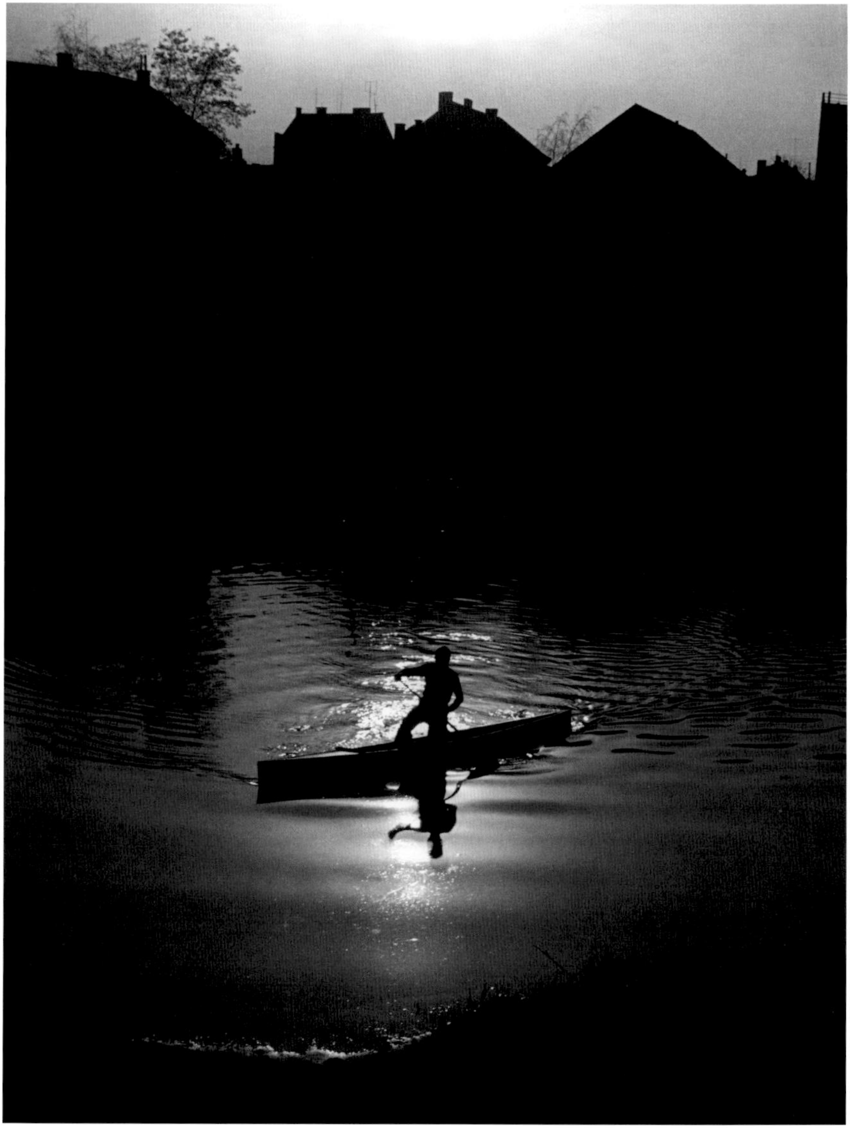

2 **1958**

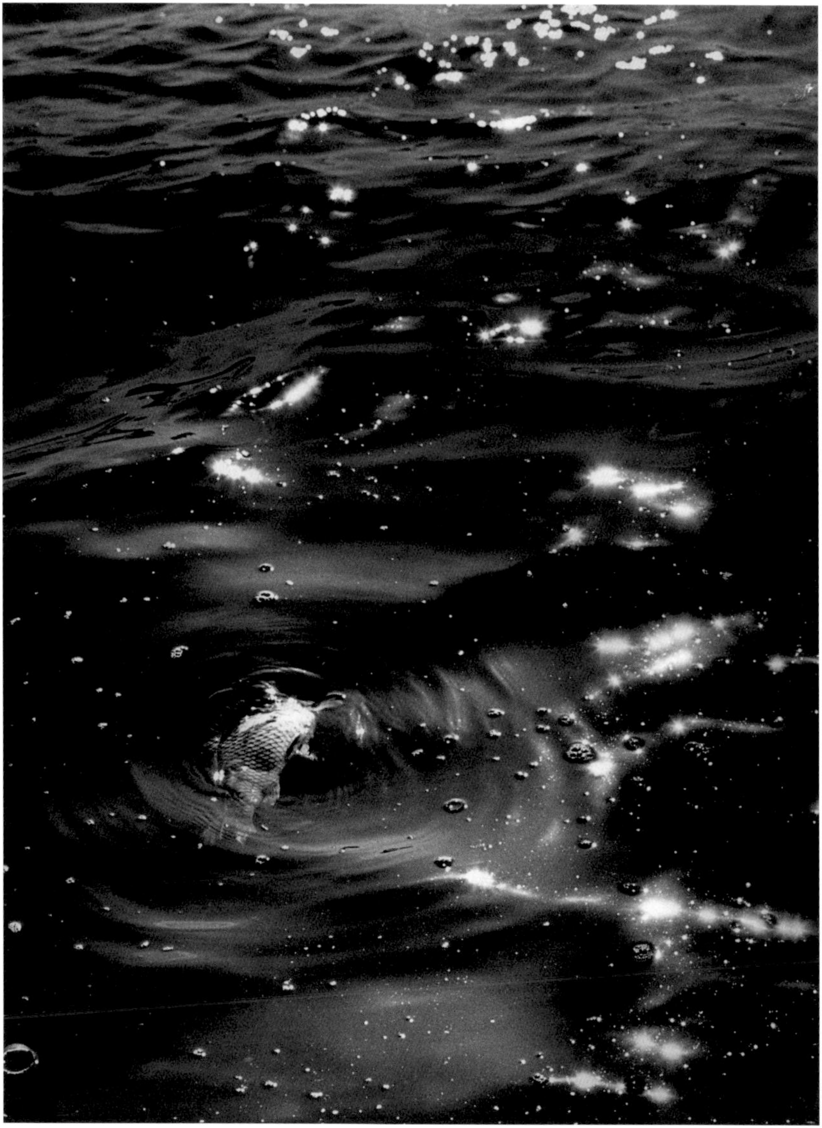

3 **1962**

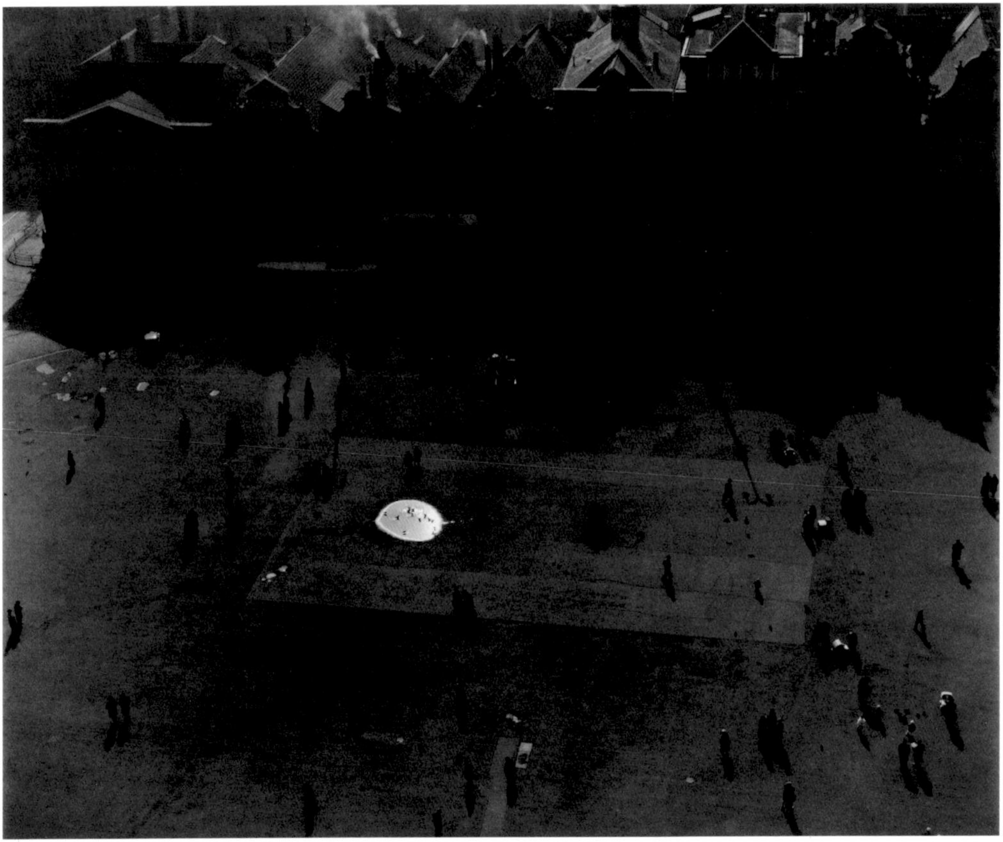

4 **1960**

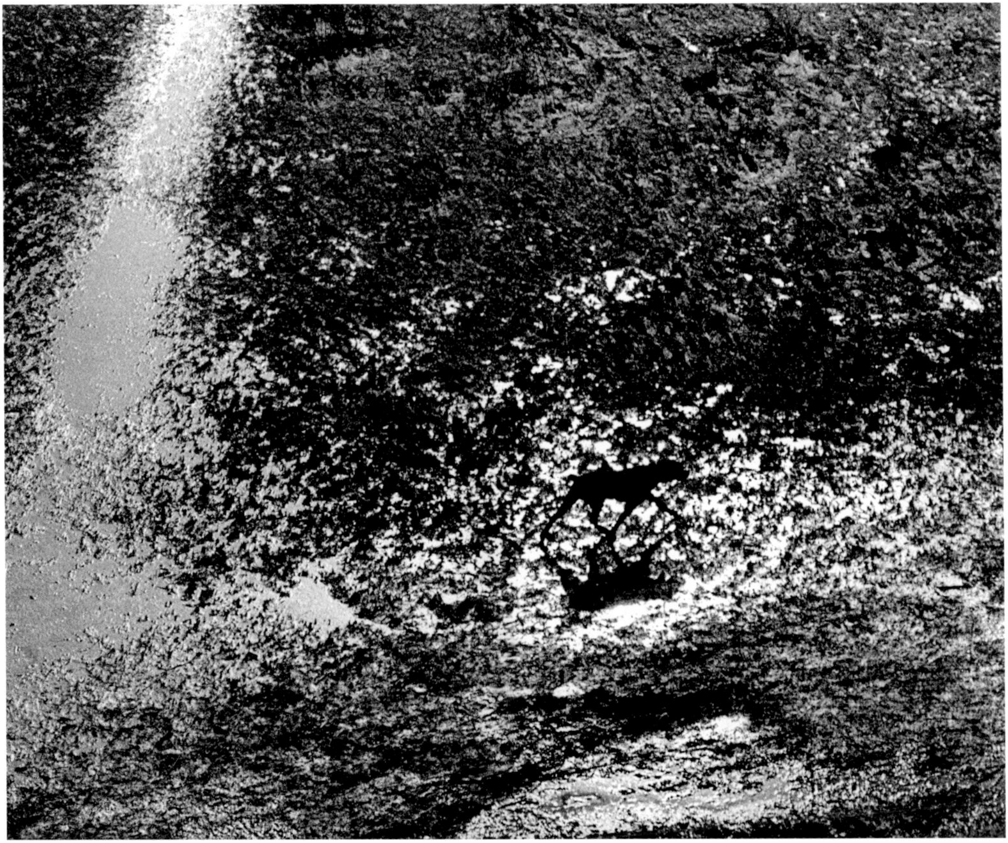

5 **1960**

MUSEUM, PILSEN / MUSEUM PLZEŇ (1963–1964)

Krásný konstruktivní srneček

Ponecháme-li v pozadí něžnost, kterou skoro nezbytně musíme pociťovat k srnečkovi, pak přes fakt, že se srneček stal proti svojí vůli vycpaným, jej můžeme vnímat v dané souvislosti a na daném místě jako srnečka konstruktivního, takového srnečka, na kterém by konstruktivista navršil světelné kostky a socializující marxista by na něm zkonstruoval nadstavbu, možná dokonce i ideální. Jestliže s ním cítím soucit, pak je to také dáno mojí antropomorfickou projekcí – jako on stojím uprostřed světa, který mne přesahuje a už dopředu disponuje s mojí vycpanou podobou. Srneček tedy stojí zakomponován v muzejním světě a trpělivě čeká na svoje další využití, přestože v současné chvíli hraje roli konstruktivního a konstruktivistického srnečka, ačkoliv zůstává zásadně krásným.

The Beautiful Constructive Little Roebuck

If we leave aside the tenderness that we almost necessarily need to feel for the little roebuck, then despite the fact that the little roebuck was stuffed against its will, we can perceive it in the given context and given place as a constructive little roebuck, the kind of little roebuck on which a Constructivist would stack up illuminated little cubes and upon which a socializing Marxist would construct a superstructure, and perhaps even an ideal one. If I feel sympathy for it, it is because of my anthropomorphic projection since I, like it, stand in the center of a world that goes beyond me, and has even in advance my stuffed form at its disposal. The little roebuck therefore stands composed into the world of the museum and patiently awaits its next use, despite the fact that at the present moment it is playing the part of a constructive and Constructivist little roebuck, though it remains fundamentally beautiful

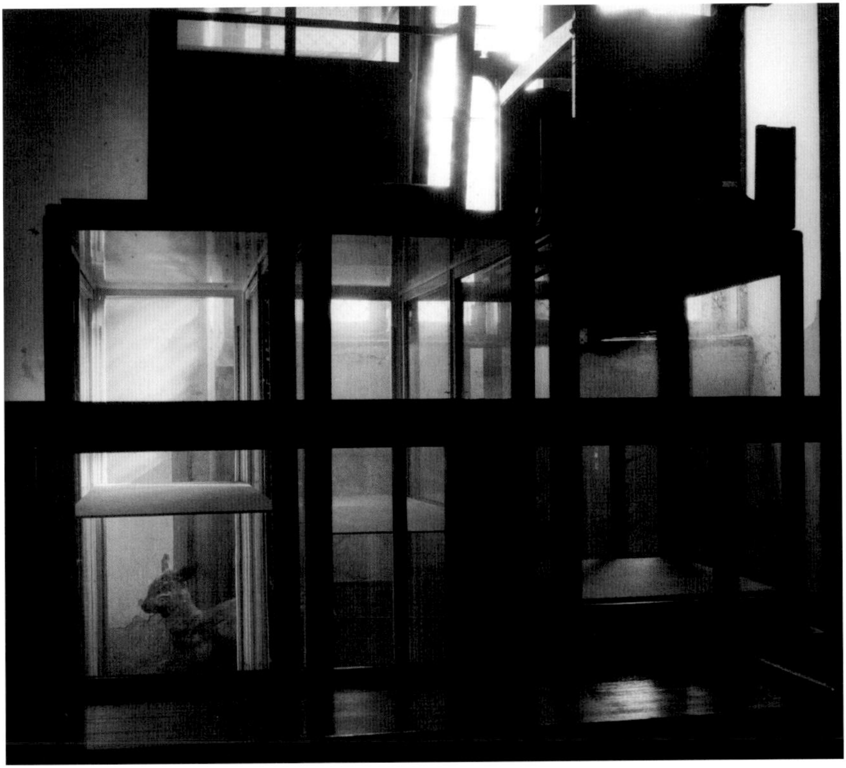

6 **1963–64**

Dvě rozdílné povahy

Tahle rozevlátá, fantaskní, špinavá, časem omšelá socha personifikuje v protikladu k rigidní, přesně definované formě stereoskopického přístroje každodenní konflikt mezi vědecky pojatou, objektivně racionální a formální strukturou ekonomického světa a uměleckou chaotičností „barokní“ lidské postavy. I když jsou obě tyto formy ve stejném „reálném světě“, přesto se neustále střetávají, jsou vizuální realizací antagonismu totálního protikladu, i když bohužel v současném světě má jeden z oslabených členů protikladu, tedy postava , tendenci zcela zmizet. K implozi dojde v okamžiku, kdy už nebude existovat opačná síla, která udržovala existenci rozporu a tedy rovnováhy. Je to více než jenom rozpor mezi Bakchusem a Dionýsem. Náš dnešní svět je stále větším příkladem takové vzrůstající jednostrannosti. V dané situaci jsou moje sympatie zcela na straně barokní postavy, snad proto, že si uvědomuji její oslabenost. Představuje pro mne symbol jednoho z těch miliard jepičích životů, který každý z nás individuelně prožíváme, pocit, že kdyby se pochopení souvislostí stalo všeobecným, vznikla by někde díra do všedního času, kterou bychom mohli nahlížet do kosmického prostoru, který potenciálně naše duševní sféra obsahuje, zatímco se v každodenním životě potácíme jako opilci, od jednotlivosti k další jednotlivosti. V tom pomyšlení jsem se přistihl, že při pohledu na sochu nevnímám pavučiny a špínu, které potemňují její tvář.

Two Different Dispositions

This flamboyant sculpture, imaginary, dirty, and worn with time, personifies – in contrast to the rigid, precisely defined form of the stereoscope – the everyday conflict between the scientifically conceived, objectively rational, formal structure of the economic world and, on the other hand, the artistic chaotic nature of the "Baroque" human figure. Though both these forms are in the same "real world," they still continuously clash; they are a visual realization of the antagonism of the total opposite, even though, unfortunately, in the present world one of the weakened members of the opposite, that is, the figure, has a tendency to vanish completely. The implosion happens at the moment the opposite force maintaining the existence of the conflict, that is, equilibrium, ceases to exist. It is more than merely the conflict between Bacchus and Dionysius. Our world today is an increasingly large example of that kind of increasing one-sidedness. In this situation my sympathies are completely on the side of the Baroque figure, perhaps because I realize its weakened state. It represents for me a symbol of one of those billion fleeting lives, which each of us experiences individually, the feeling that if the understanding of contexts became general, a hole would appear somewhere in everyday time, through which we could catch a glimpse of cosmic space, which potentially contains our spiritual sphere, whereas in everyday life we stagger about like drunks, from particular to particular. In this train of thought I caught myself looking at a sculpture without perceiving the spider's web and filth which darken its face.

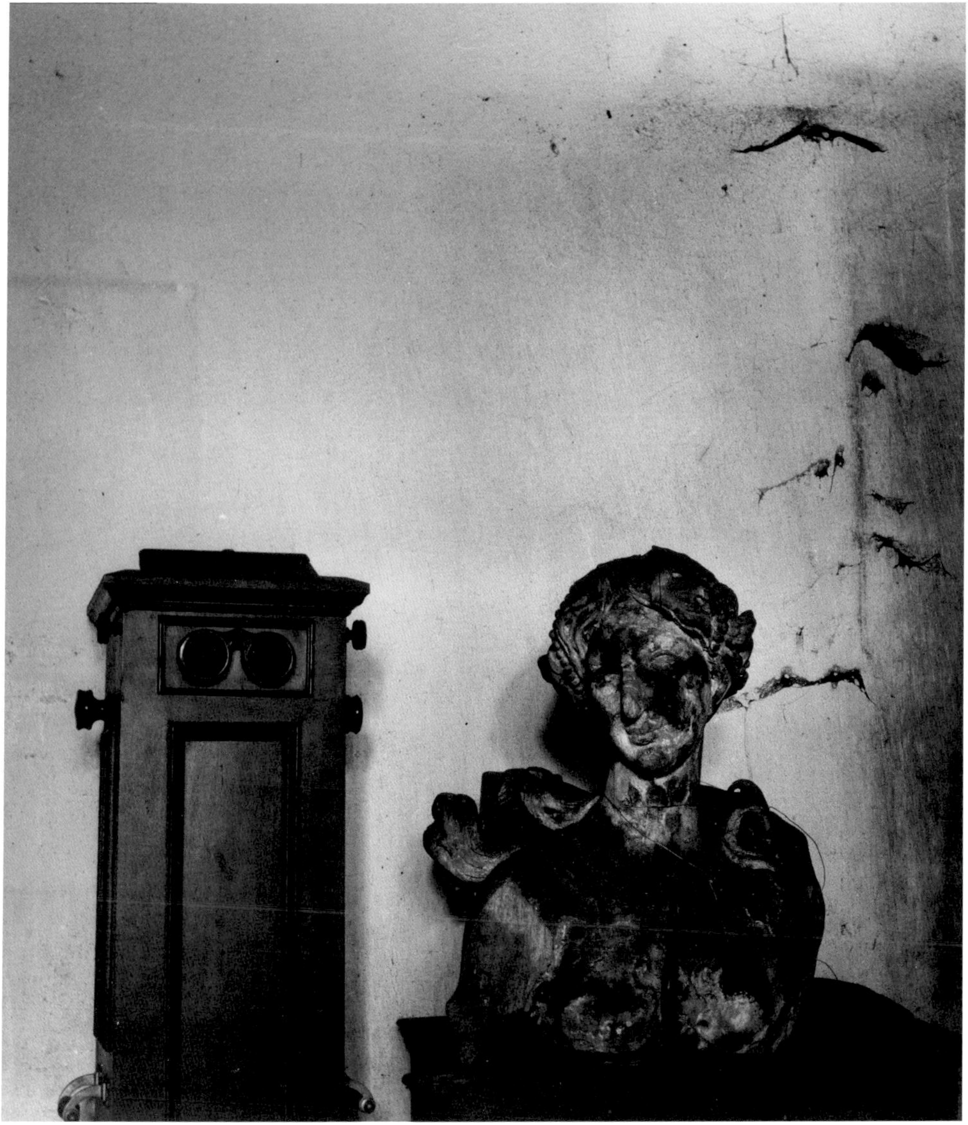

7 **1963–64**

Křídla andělů

Vždycky mě fascinovali andělé, možná už od modlitby: „andělíčku, můj strážníčku...“. Andělé mně přišli jako prostředníci, se kterými je možné se domluvit a kteří naslouchají. Fascinovaly mě jejich exaltované tváře, postoje jejich těl, jejich přítomnost na místě činu a vůbec jejich zájem o nás hříšníky. Třeskutě promodlená harmonie dokonalosti. Nějakým způsobem si je spojuji se světlem. Někdy v noci ke mně přicházela velká, přesvětlená postava. Byl to anděl? A co jsem udělal, že přestal se svými návštěvami? Asi se dneska s anděly moc nepočítá. Na regálech leží několik odlomených párů andělských křídel. Jsou tam uložena, vyhozena nebo tam skončila náhodou? Vyfotografoval jsem je nejprve klasicky, ale bylo to všední, smutné, jako byla fotografie několika mrtvých koček, které jsem nedávno nalezl v sakristii, v papírové bedně. Udělal jsem nový snímek a během expozice jsem dvakrát kopnul do stativu. Na výsledné zvětšenině se najednou objevilo světlo, o které jsem stál. Amputovaná křídla se rozpohybovala, ukázalo se tam trochu z tajemství, které jsem pociťoval při pohledu na ně. Ovšem ďáblův advokát může namítnout, že se jedná o bezcennou, rozmazanou fotografii. Někdy se přistihuji, že jsem často vůči sobě v roli ďáblova advokáta.

Wings of Angels

I have always been fascinated by angels, perhaps even from the children's bedtime prayer to a guardian angel. Angels seemed to me to be intermediaries with whom it was possible to reach an agreement, and who listened to us. I was fascinated by their exalted faces, the attitude of their bodies, their presence at the scene of the crime, and in general by their interest in us sinners. The terribly long-prayed-for harmony of perfection. In some way I link the angels with light. Sometime at night a large, over-exposed figure came to me. Was it an angel? And what did I do to make it stop visiting me? Probably today one doesn't much count on angels. Several broken pairs of angel wings lie on shelves. Have they been stored there, thrown out, or did they end up there by chance? I photographed them first in the conventional way, but it was banal, sad, like a photograph of several dead kittens that I recently found in a cardboard box in the sacristy. I made a new photo, and during the exposure I kicked the tripod twice. In the resulting print, the light I wanted suddenly appeared. The amputated winds began to move. A bit of the mystery I had felt when looking at them appeared. A devil's advocate could of course object that it was a blurry worthless, photograph. Sometimes I catch myself acting in the role of devil's advocate towards myself.

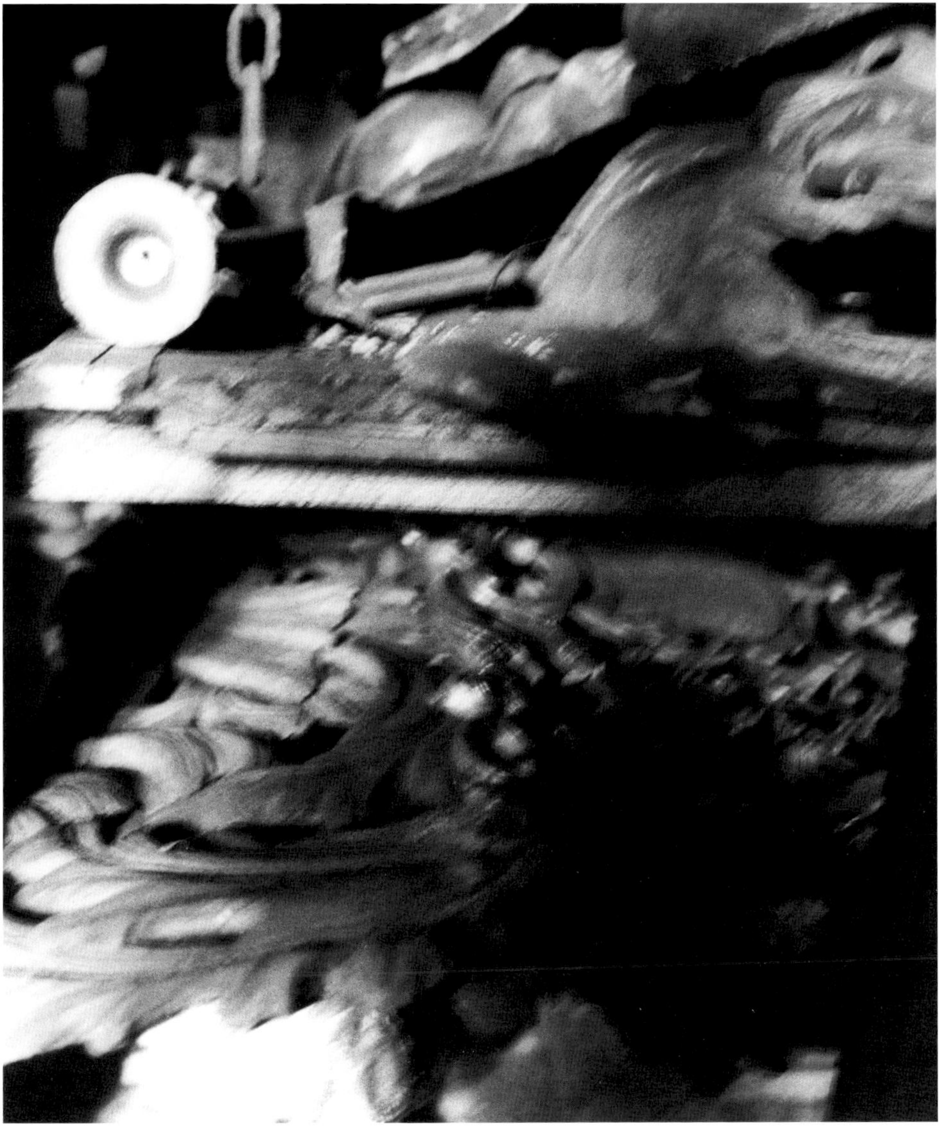

8 **1963–64**

Bůh

Zobrazit Boha, byť jen vzdáleně, je asi nemožné. Pro ulehčení personifikujeme. Někdy, při cestách krajinou, se otevře v oblacích díra, kterou proudí na zem paprsky světla. Viděl jsem ji na krajinách od Joachima de Patinira a Mathiase Grünewalda a je zřejmě vnímána jako místo, kterým Bůh manifestuje svoji přítomnost. Nazývám takové místo, které také podobně vytvořilo světlo na obraze, Boží oko. Uprostřed kosmického víru je malý světelný ostrůvek klidu, oko tajfunu, okolo něj víří v neurčité změti, v magmatu stvoření, nedefinovatelné objekty. To, že jde o Boha, potvrzují andělé, kteří přinášejí jako úlitbu obraz jeho syna na roušce a počínají být součástí celého kosmického víru. Oko Boha, nepohnutě, tvrdě přihlíží, jeho hlava se podobá arcimboldovské hlavě komponované z elementů kosmické exploze.

God

To depict God, even if only remotely, is probably impossible. To make things easier we personify. Sometimes, on journeys through the countryside, a hole opens up in the clouds, and through it rays of light stream on to the earth. I saw this in landscapes by Joachim de Patinir and Matthias Grünewald, and it is probably perceived as a place through which God manifests his presence. I call such a place, which also similarly formed light in the picture, God's eye. In the centre of the cosmic vortex there is a small illuminated island of peace and quite, the eye of the hurricane, around which whirls in turmoil, in the magma of creation, indefinable objects. The fact that it has to do with God is confirmed by the angels that bring, like a libation, a picture of His son on the shroud and they begin to be part of the whole cosmic vortex. The staring eye of God watches hard, His head resembling a head by Arcimboldo composed of elements of a cosmic explosion.

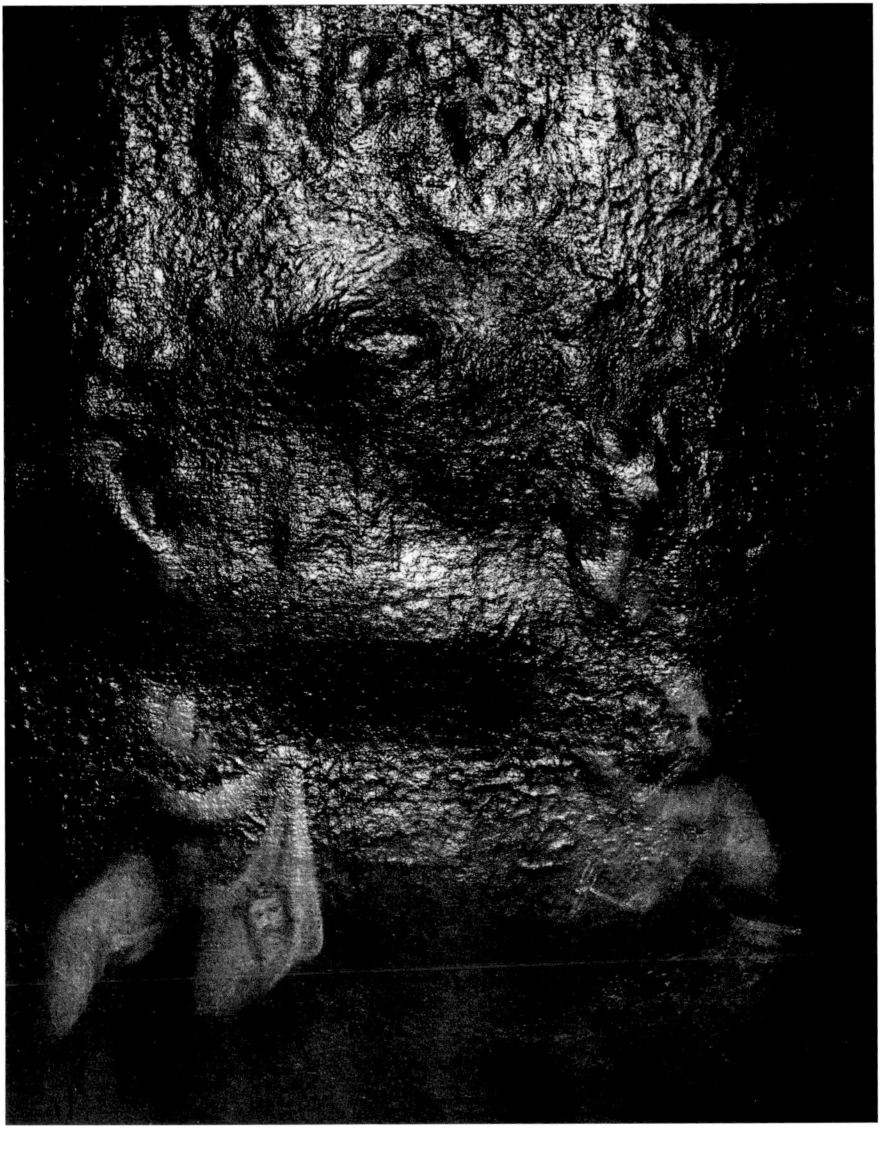

9 **1963–64**

WORKERS / DĚLNÍCI (1960–1963)

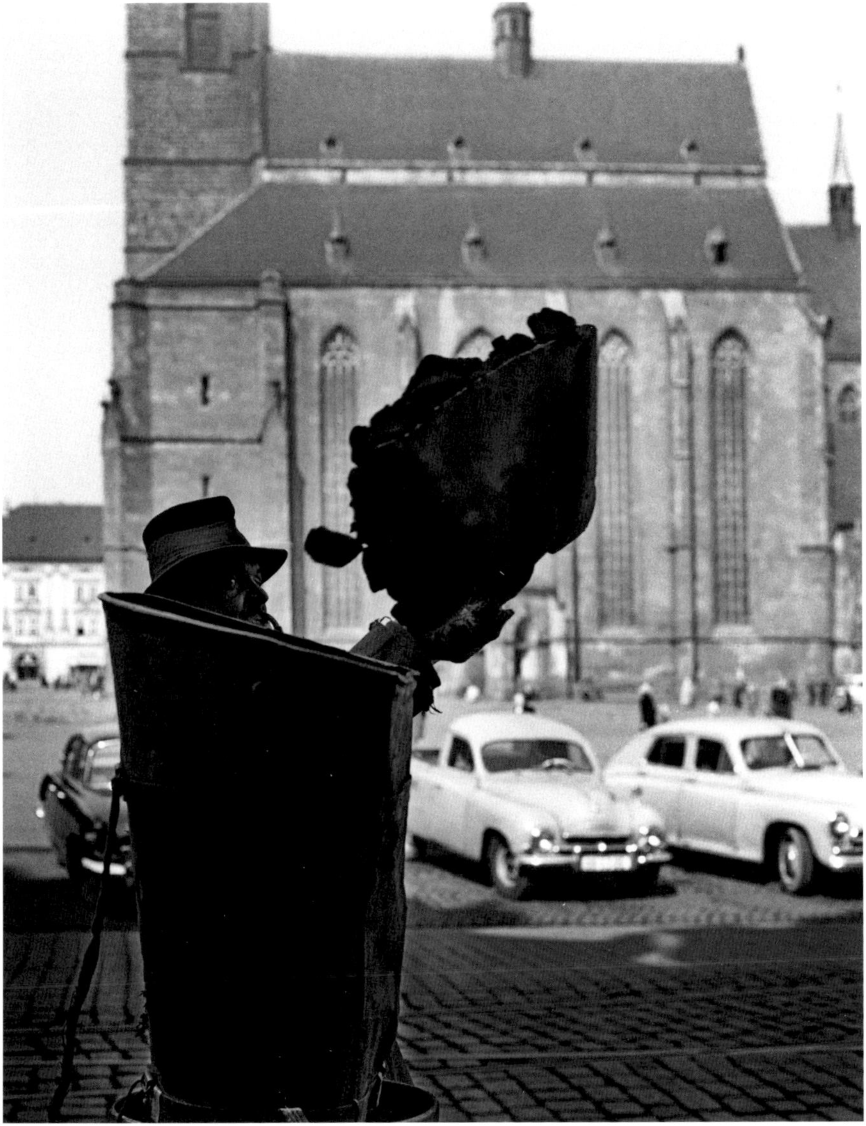

10 **1960**

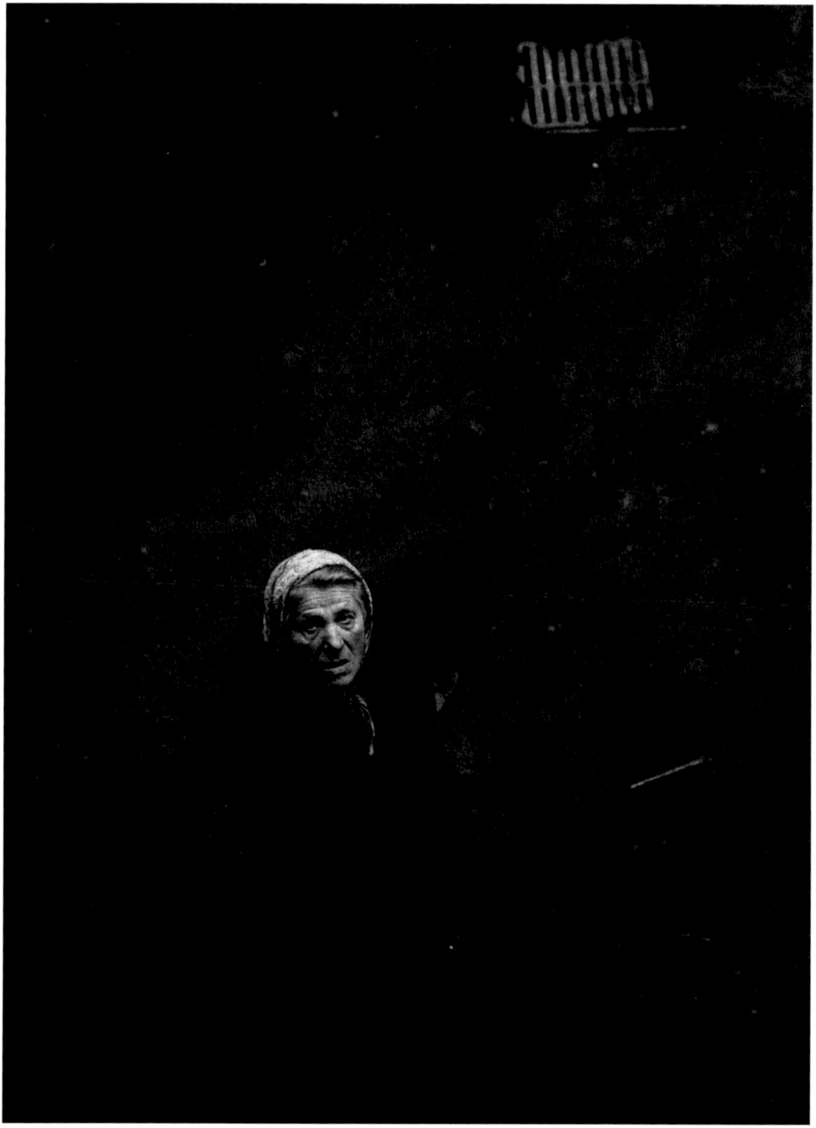

11 **1963**

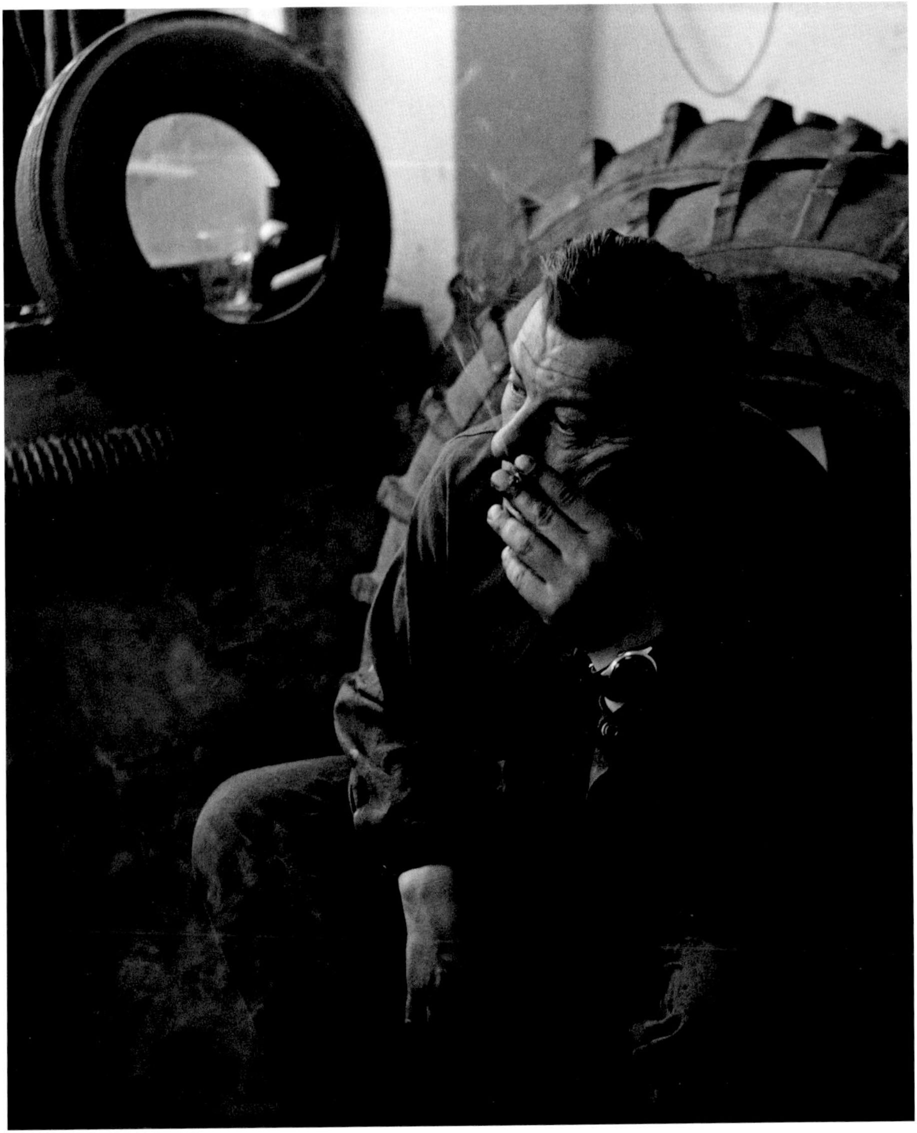

 1962

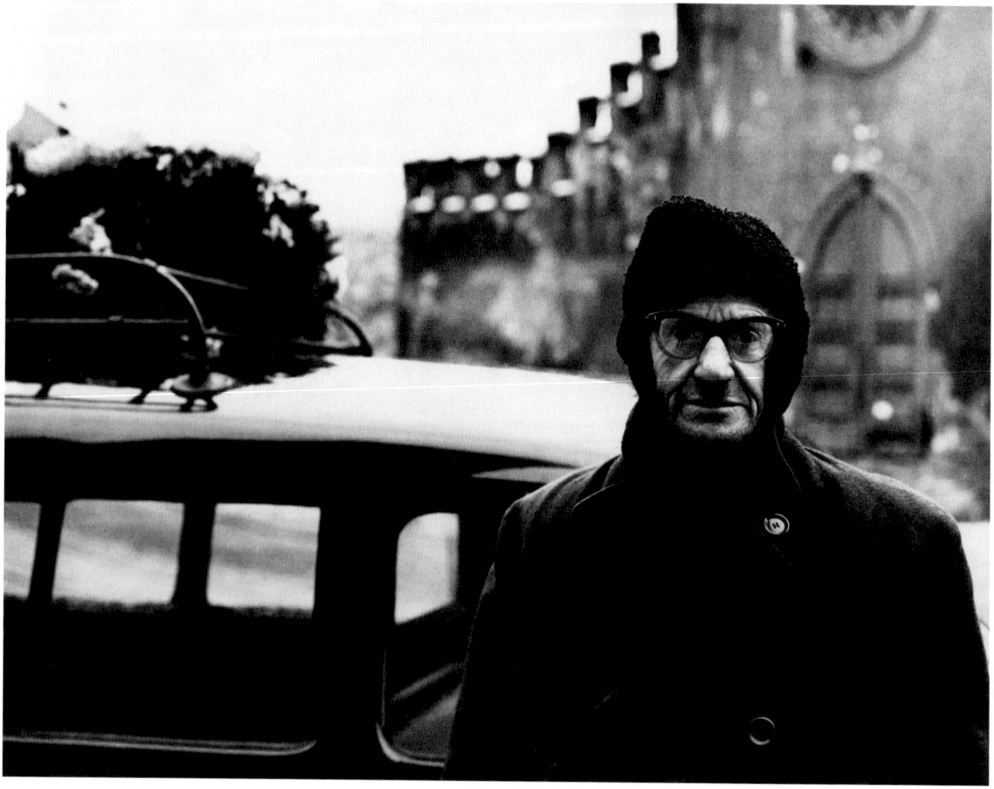

13 **1960**

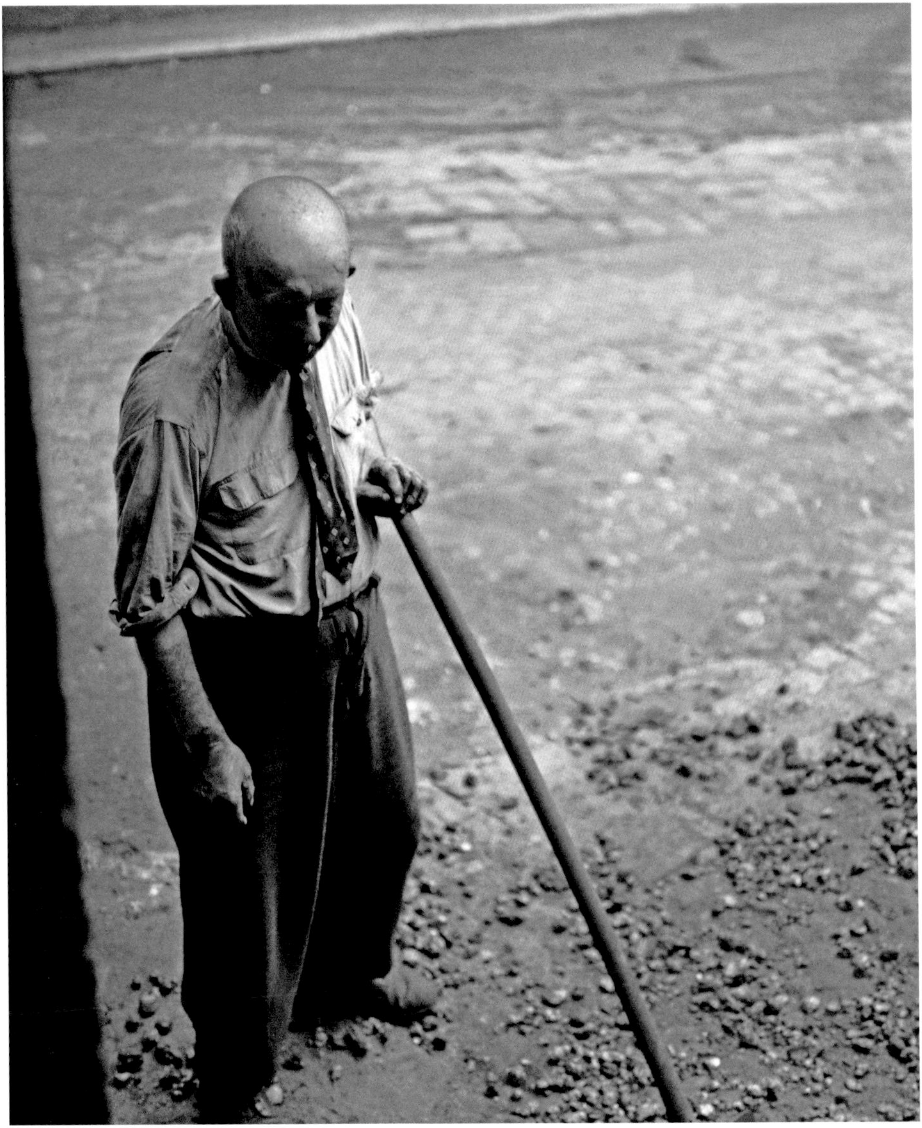

14 **1959**

REFLECTIONS / PILSEN / REFLEXY / PLZEŇ (1962–1965)

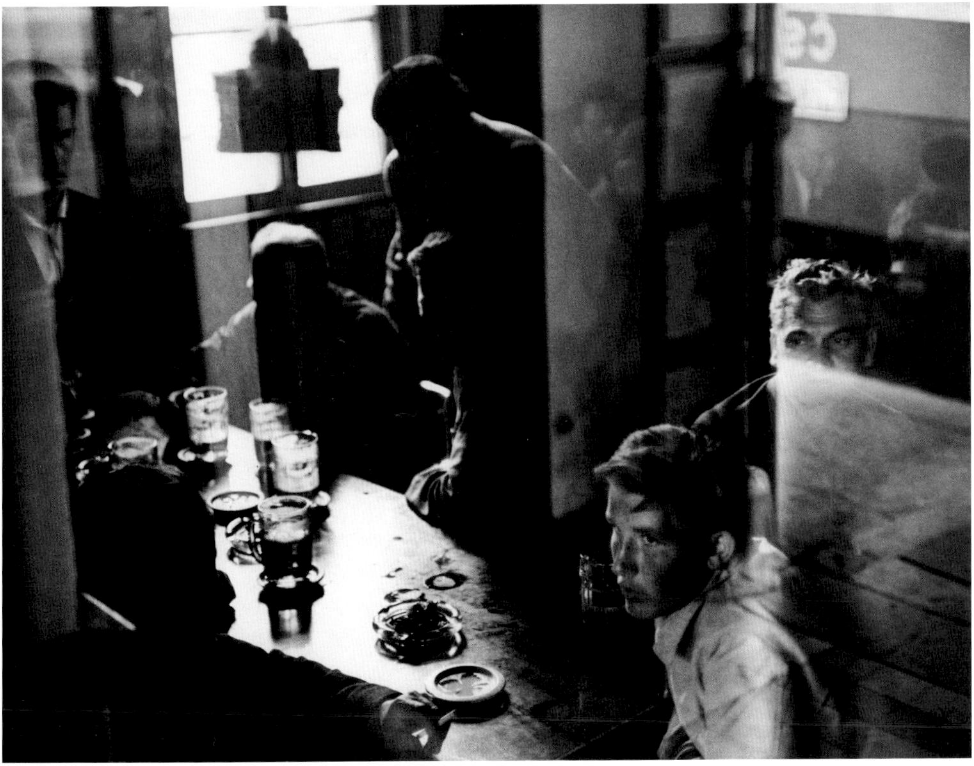

15 **1962**

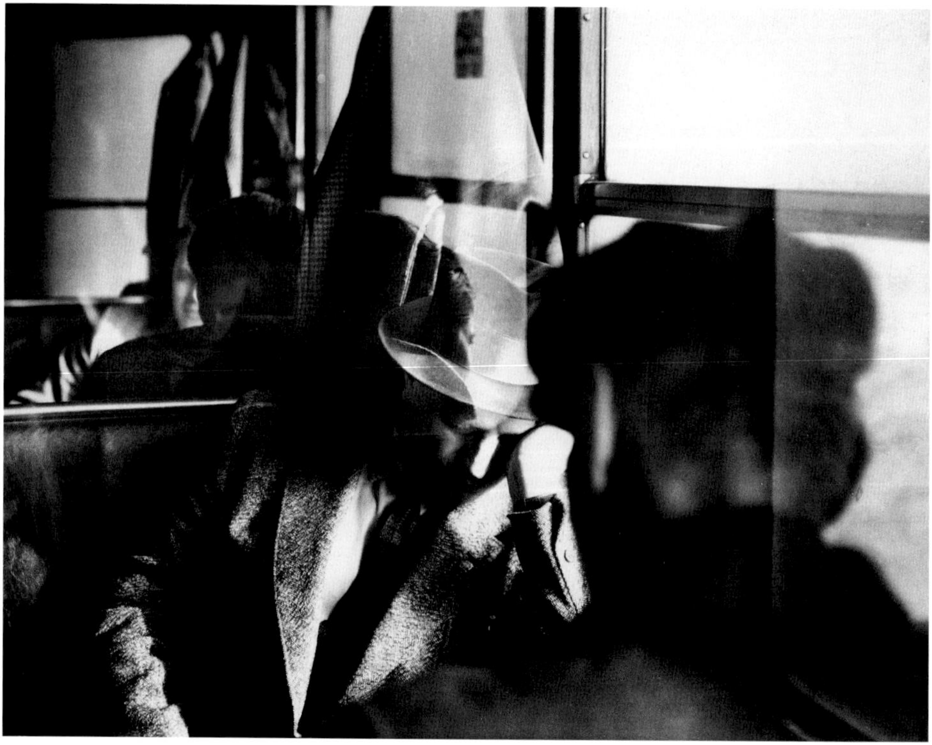

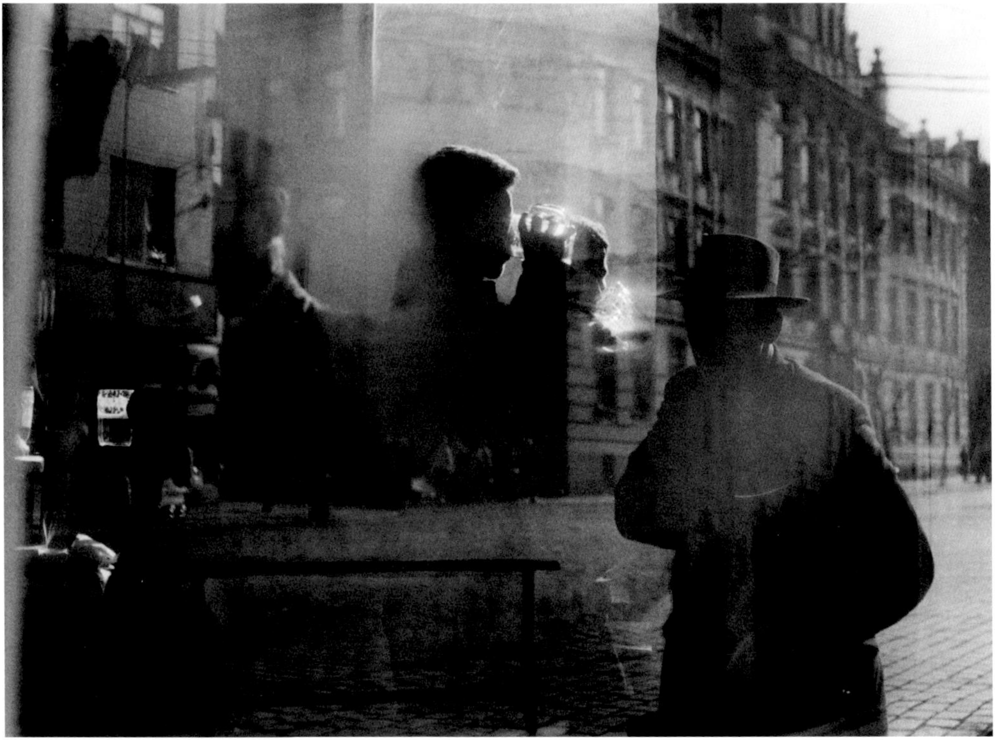

17 **1962**

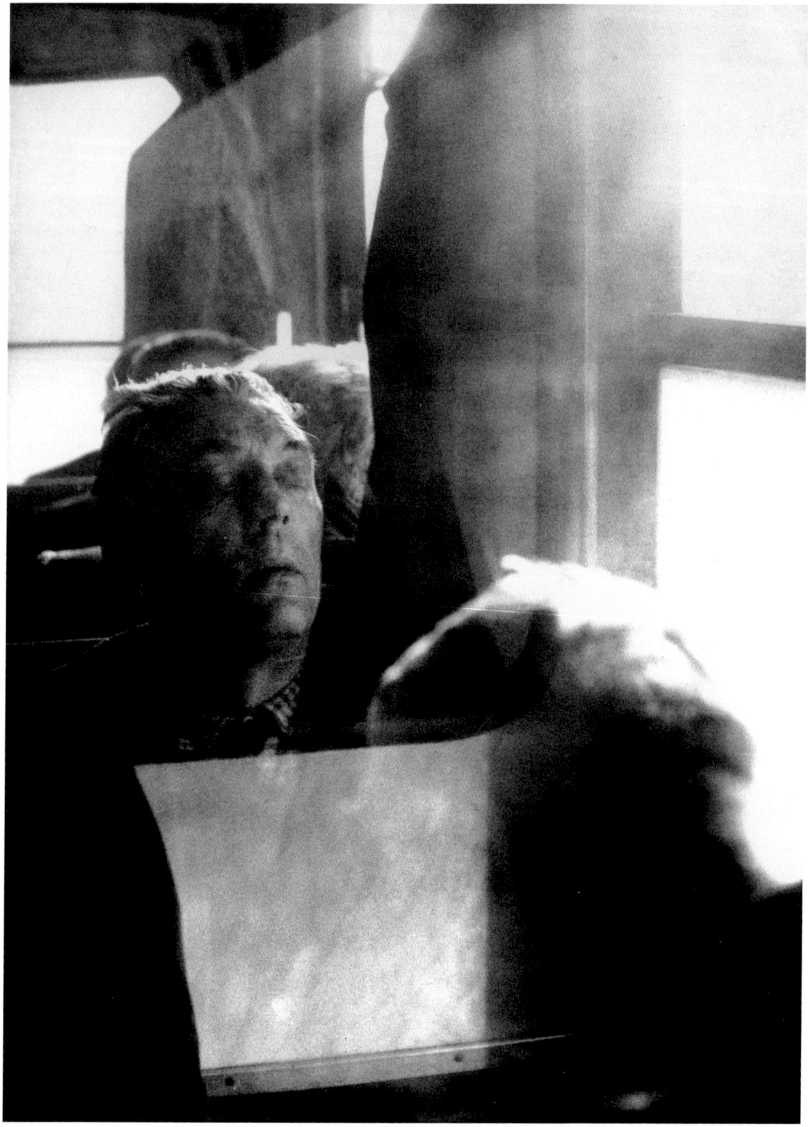

18 **1962**

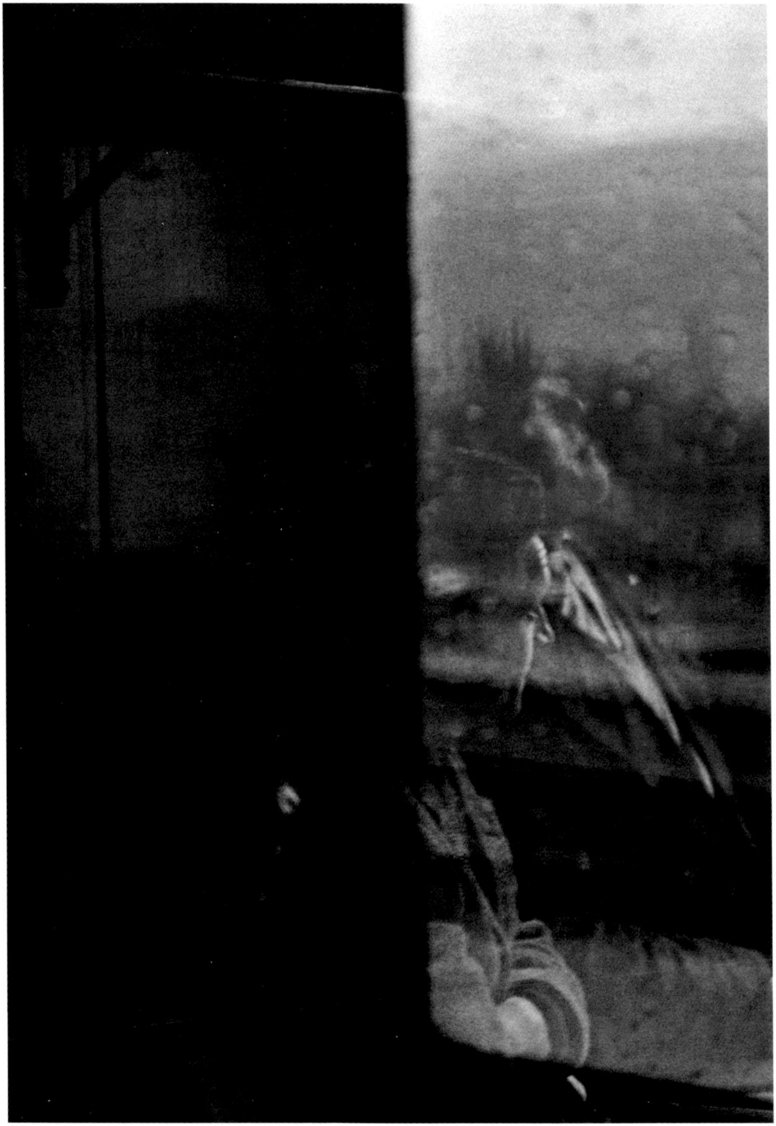

19 **1962**

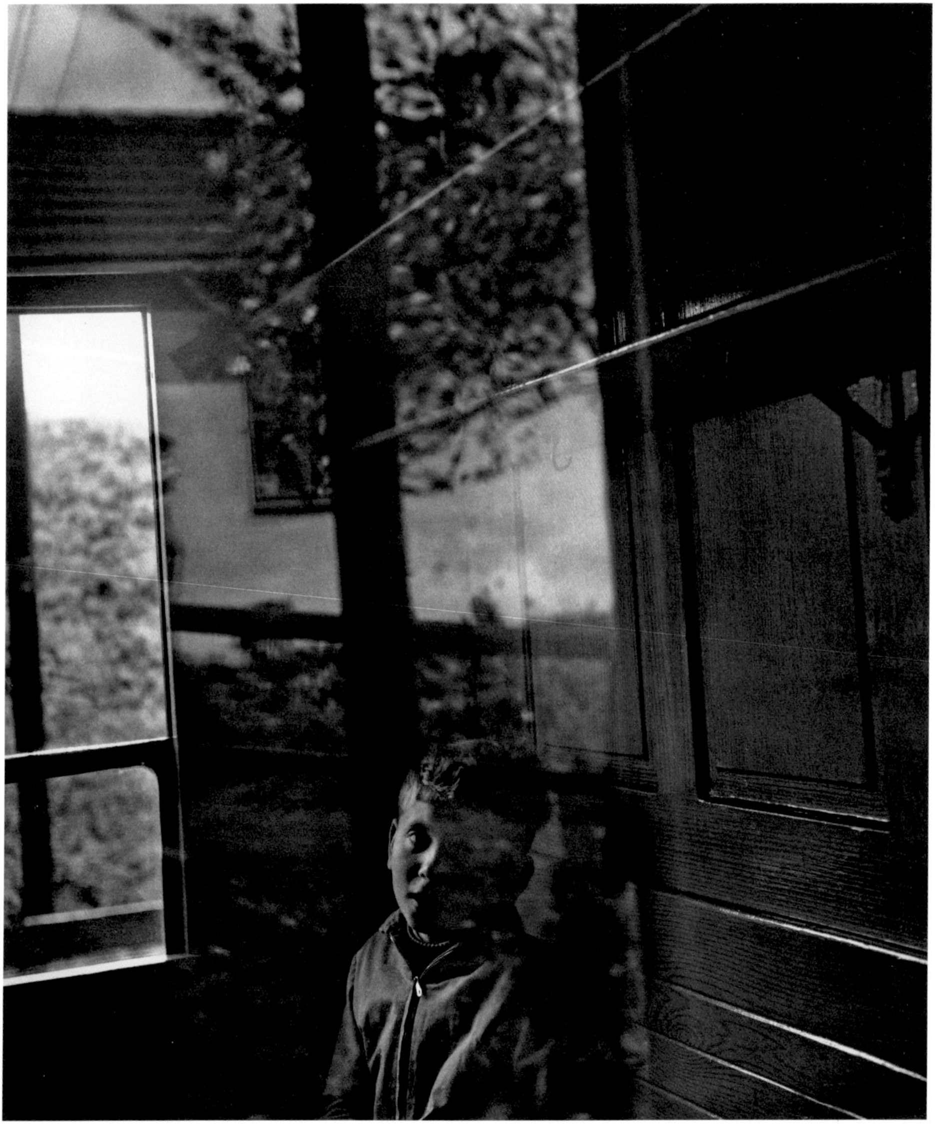

20 **1962**

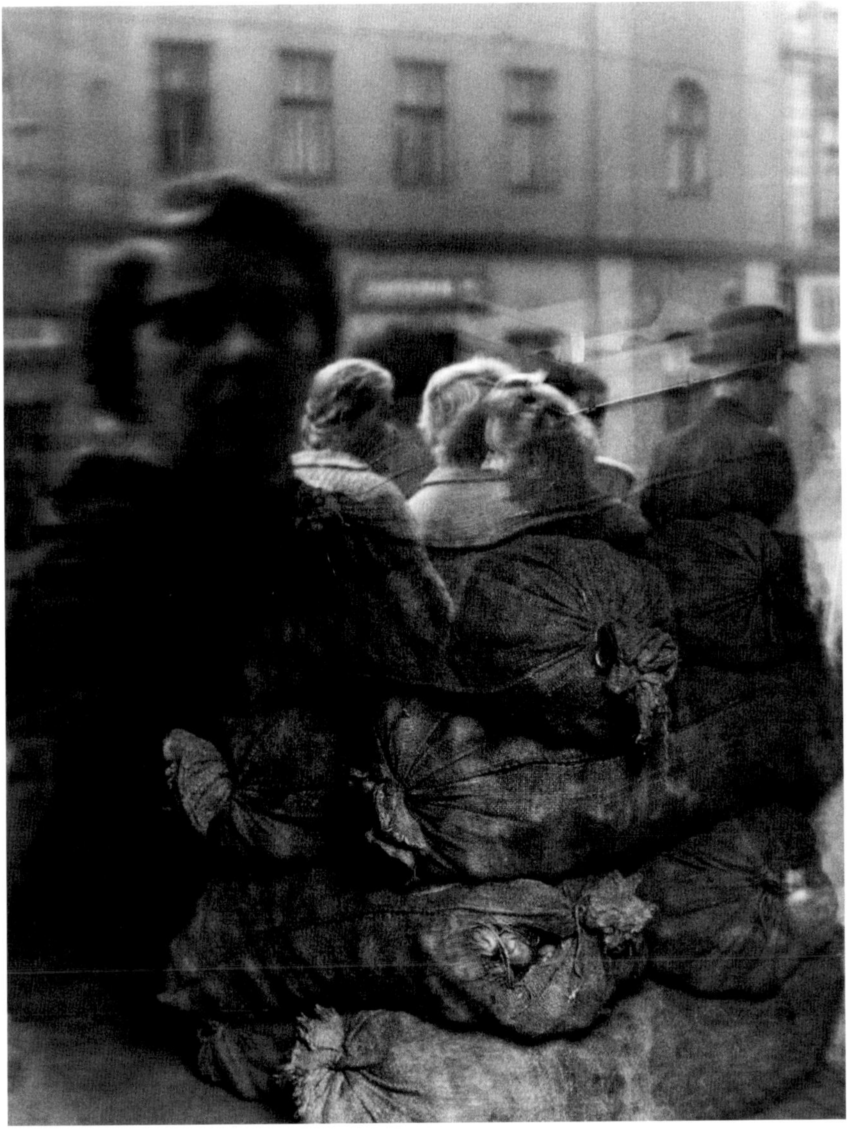

21 **1964**

MONTAGES / MONTÁŽE (1963–2002)

The Sentenced Man

pict. 22–26

What is a jailer?
Who is a jailer?
What is a jailer of a sentenced man?

The jailer is a man sentenced by a jail,
The sentenced man of the sentenced man,
A jail for the jailer;
The jailer is a jail for a sentenced man,
The sentenced man is a jailer
for the sentenced man.

Yes, in the sentenced sentenced man
There is a jailed jailer.

Odsouzený

obr. 22–26

Co je žalářník?
Kdo je žalářník?
Co je žalářníkem odsouzence?

Žalářník je odsouzencem žaláře,
odsouzencem odsouzence,
žalářníkovi žalářem;
Odsouzenci je žalářem žalářník,
odsouzenec je odsouzenci žalářníkem.

Ano, v odsouzeném odsouzenci
je žalářovaný žalářník.

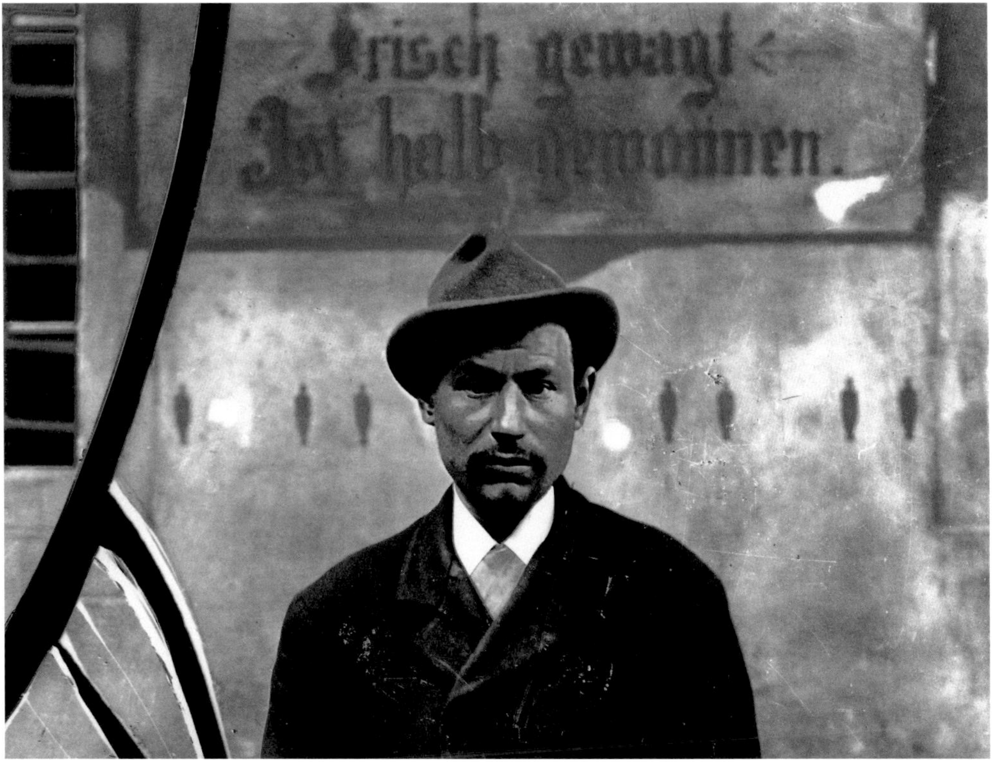
Frisch gewagt
Ist halb gewonnen.

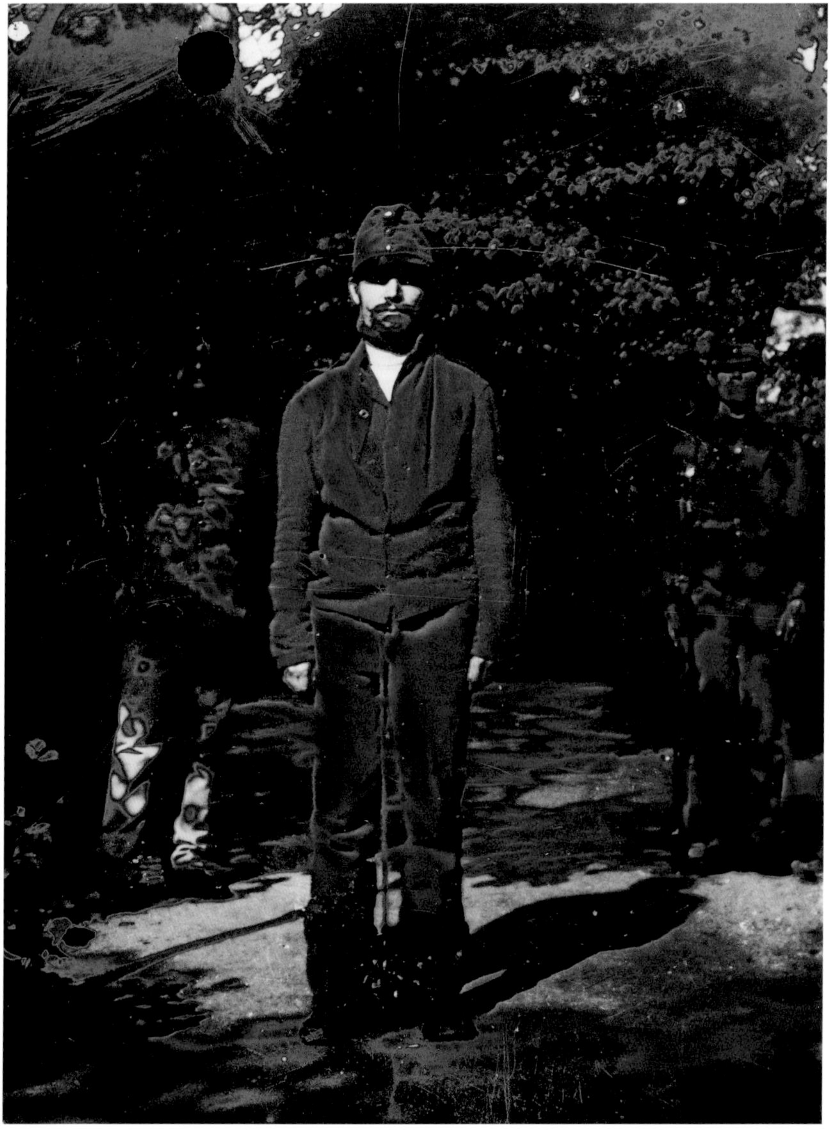

23 **1964–65**

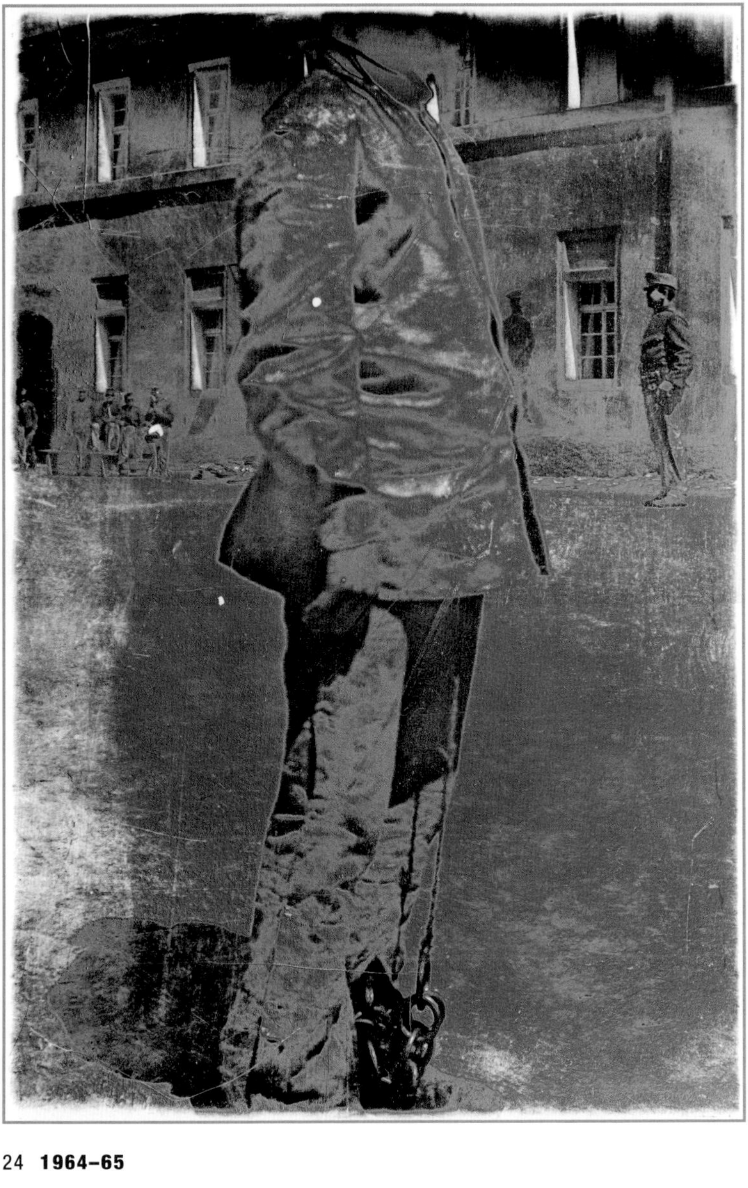

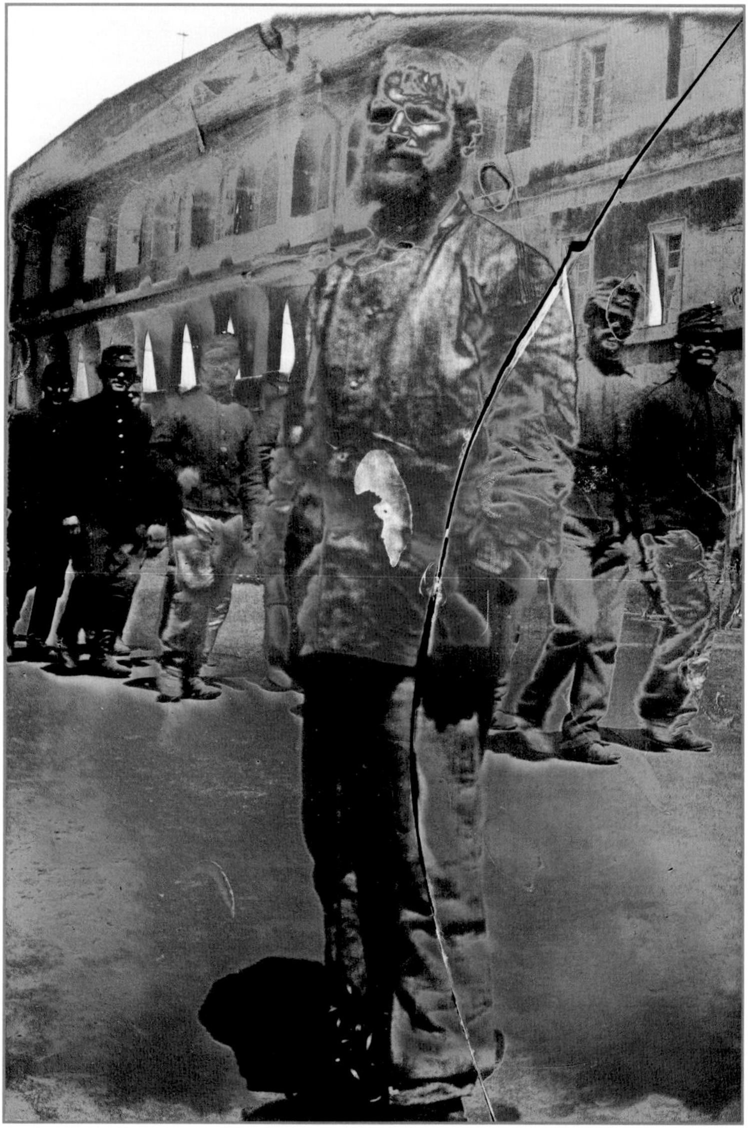

25 **1964–65**

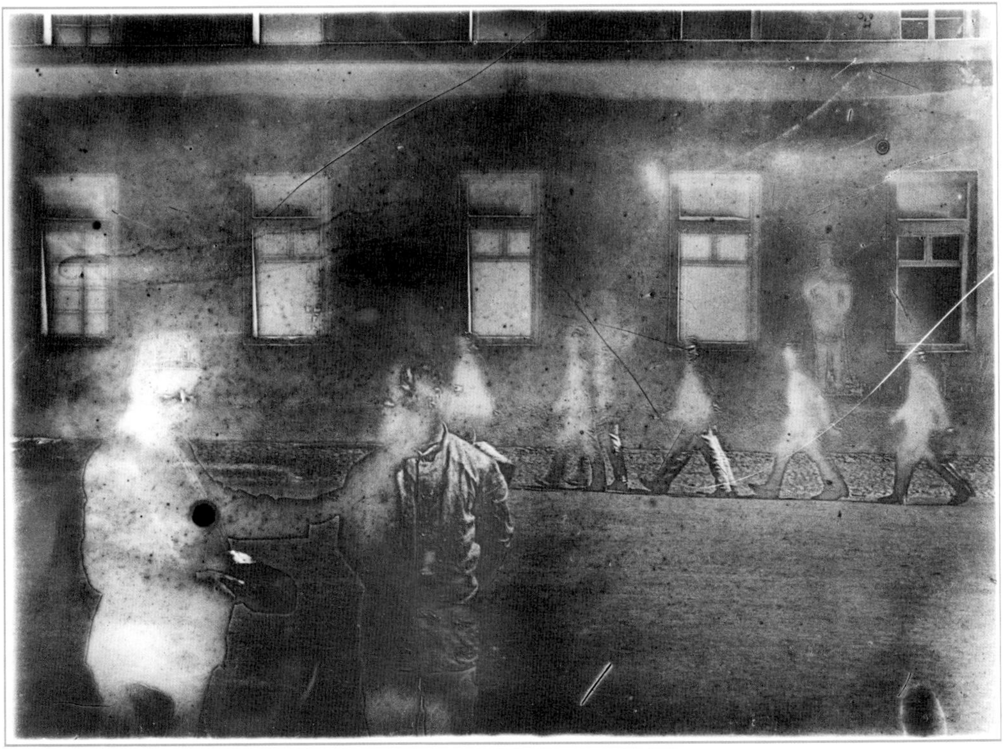

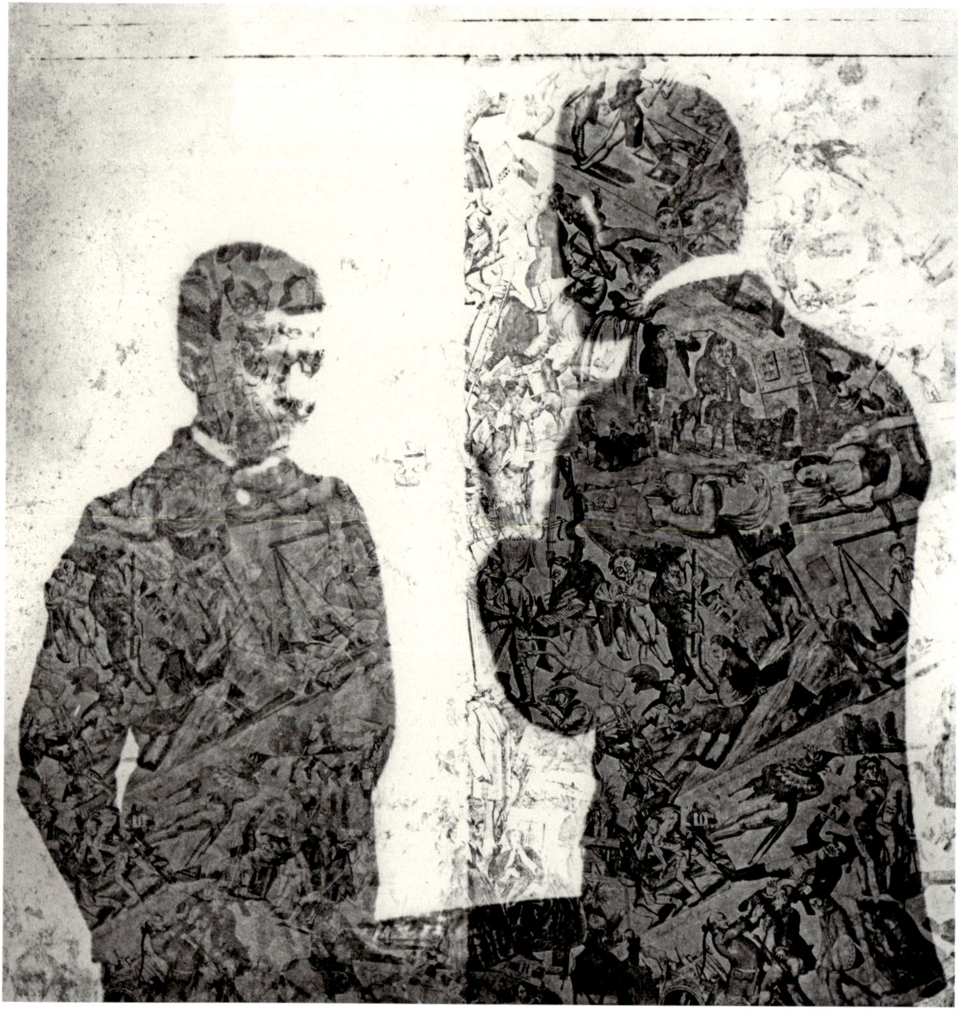

27 **1969**

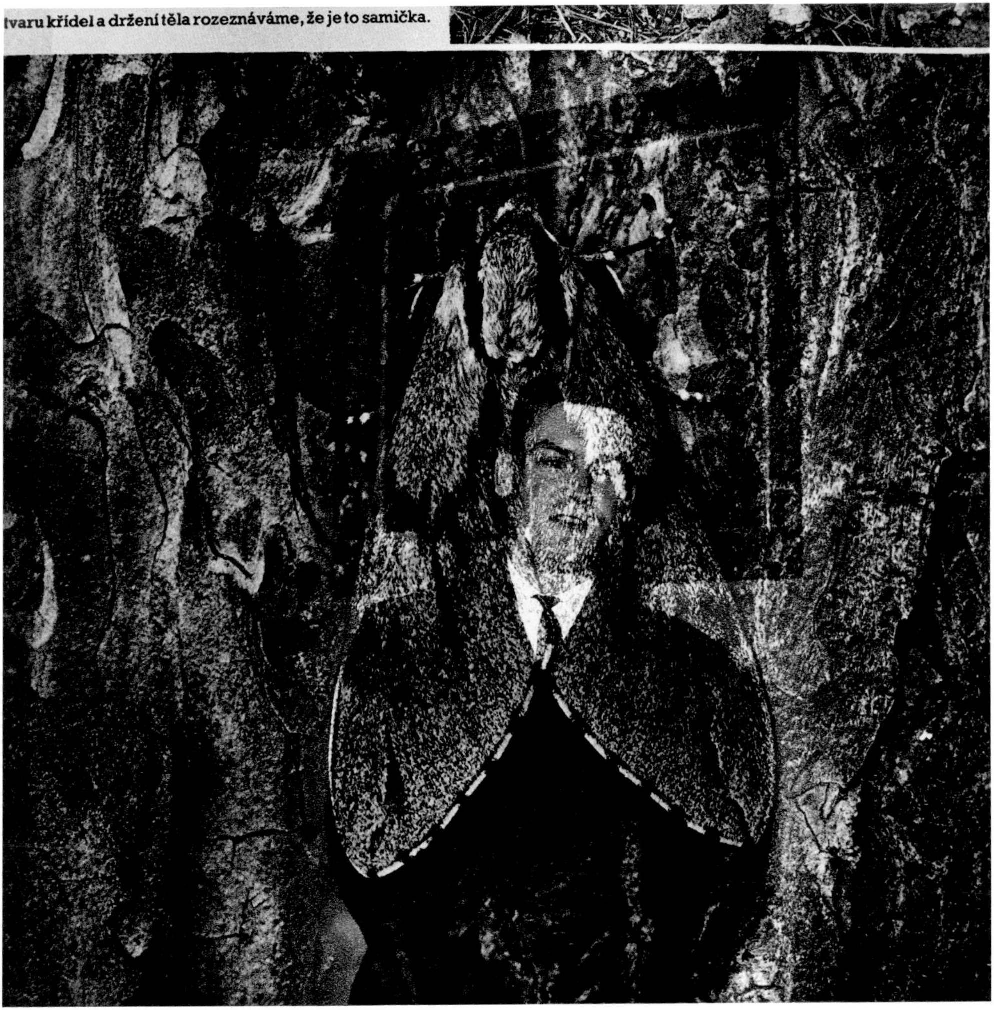

28 **1964**

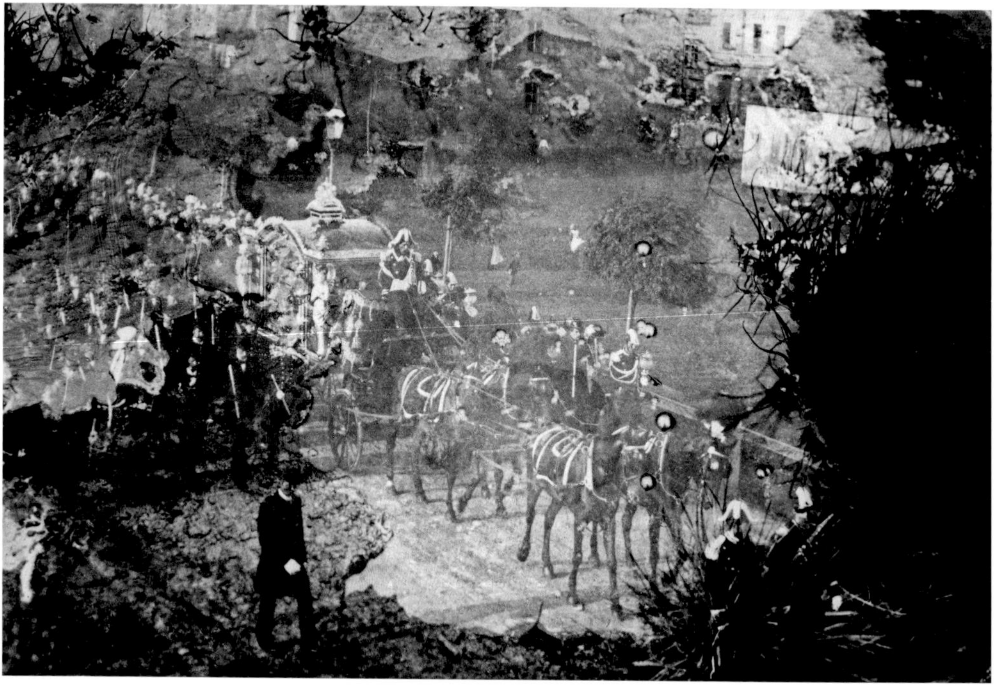

29 **1966**

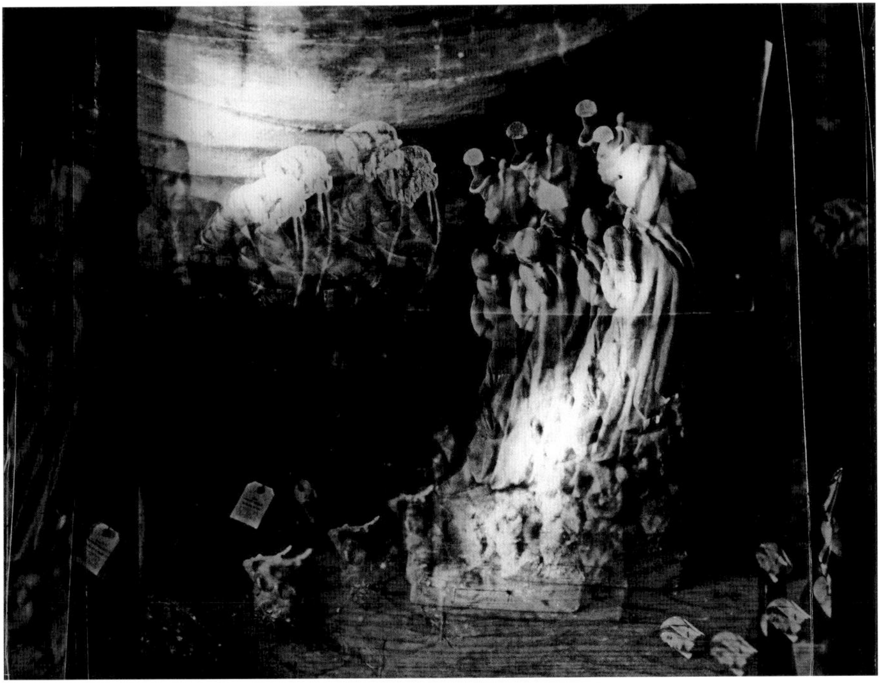

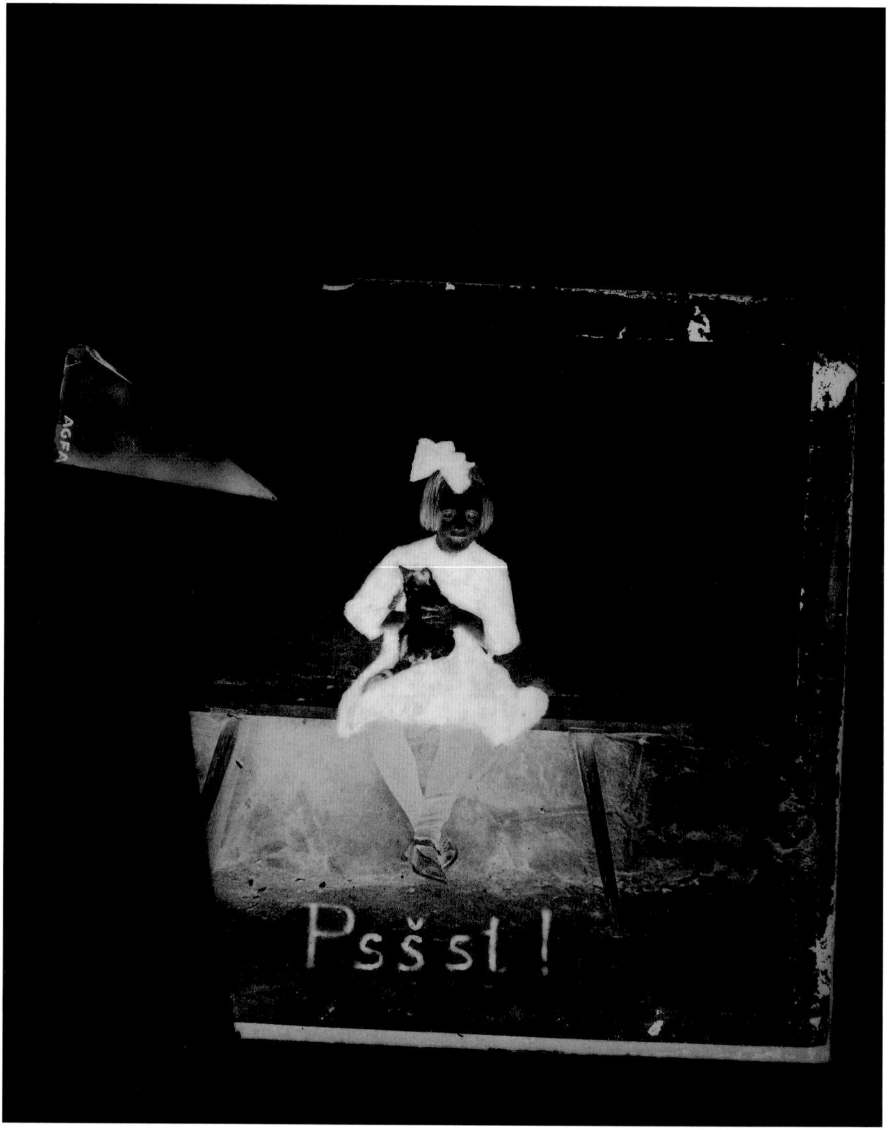
AGFA
Psšst!

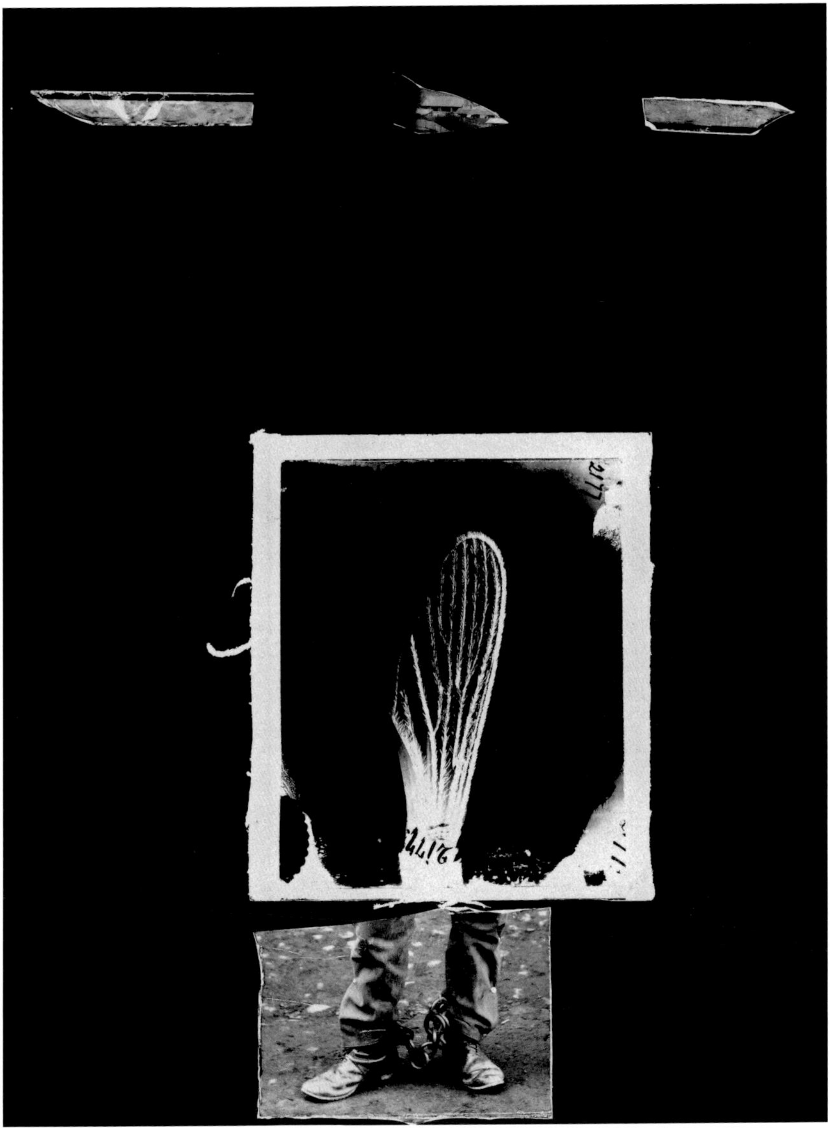

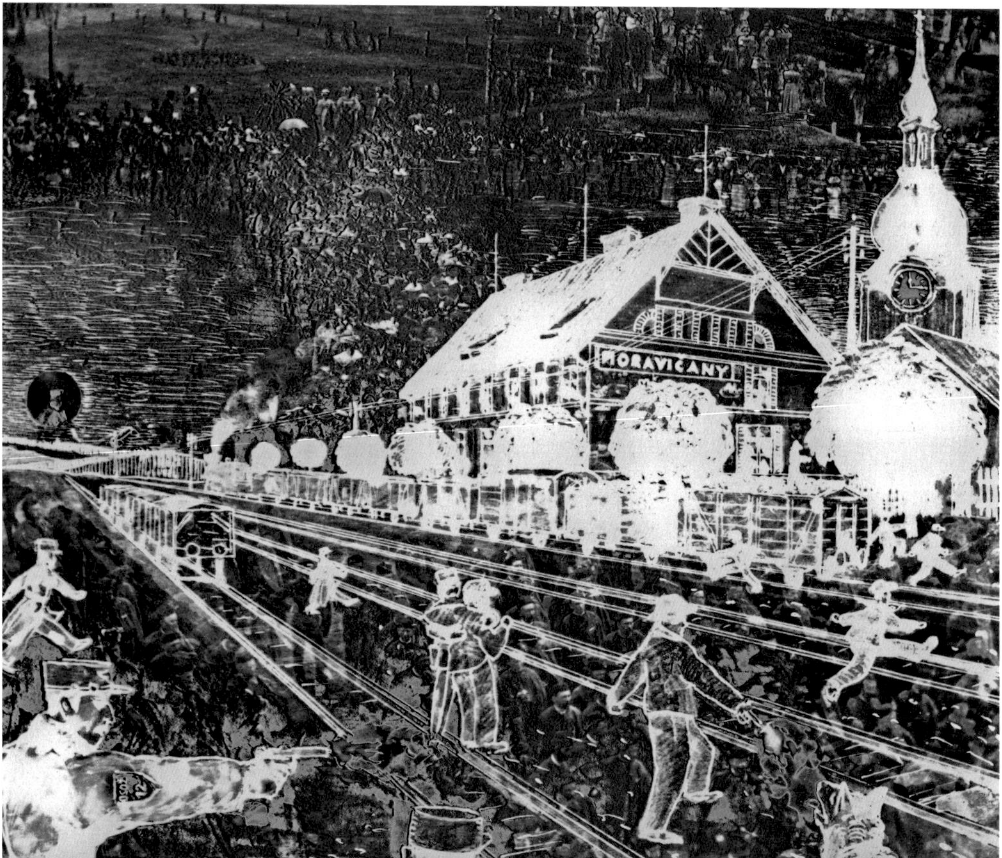

33 **1970**

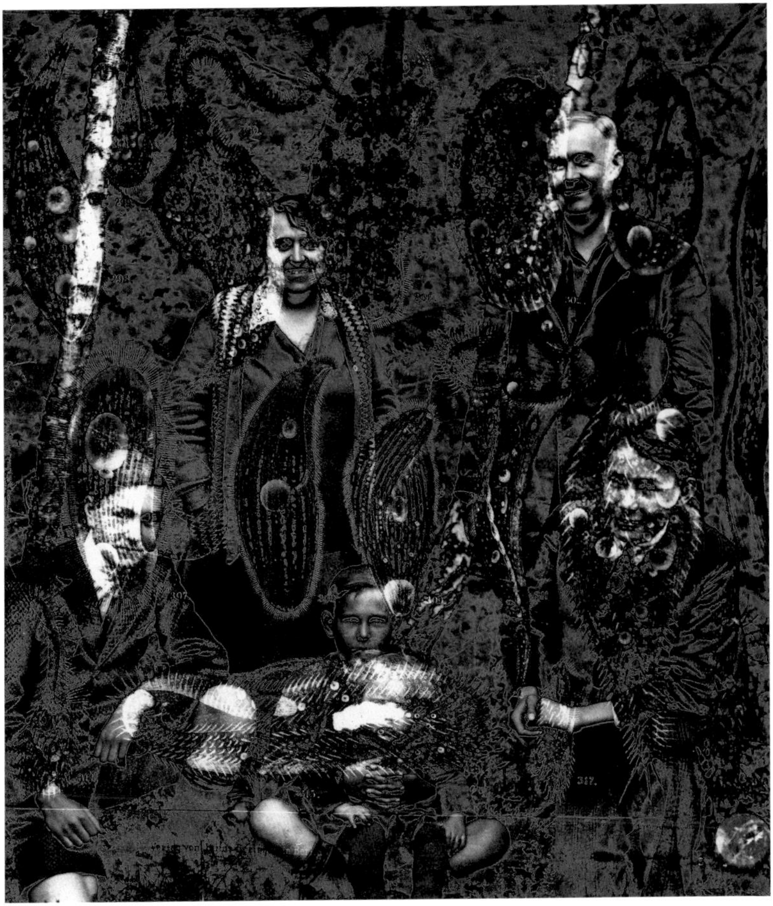

1986

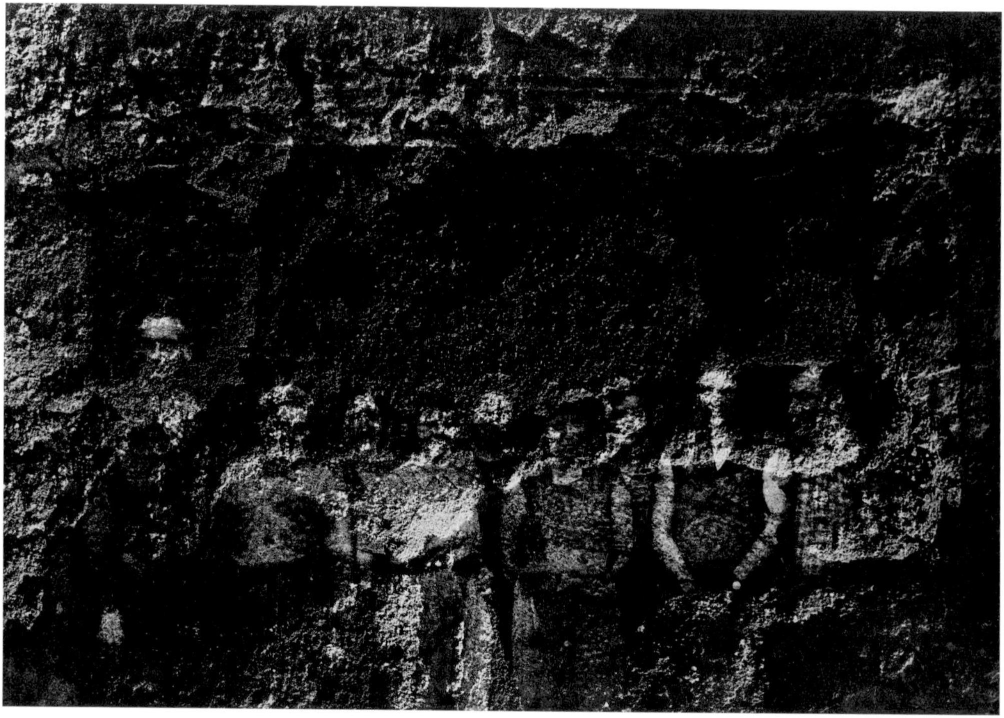

35 **1962–63**

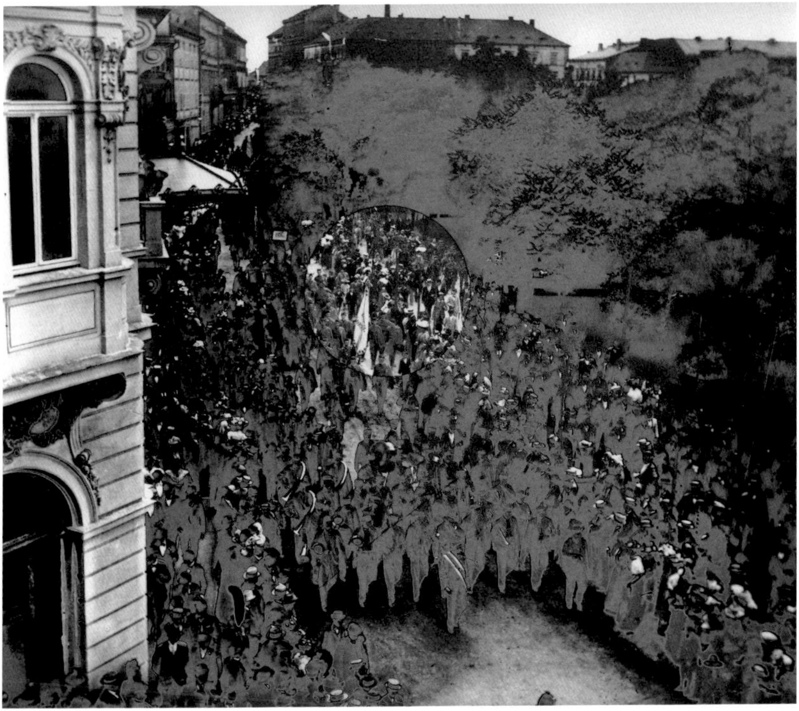

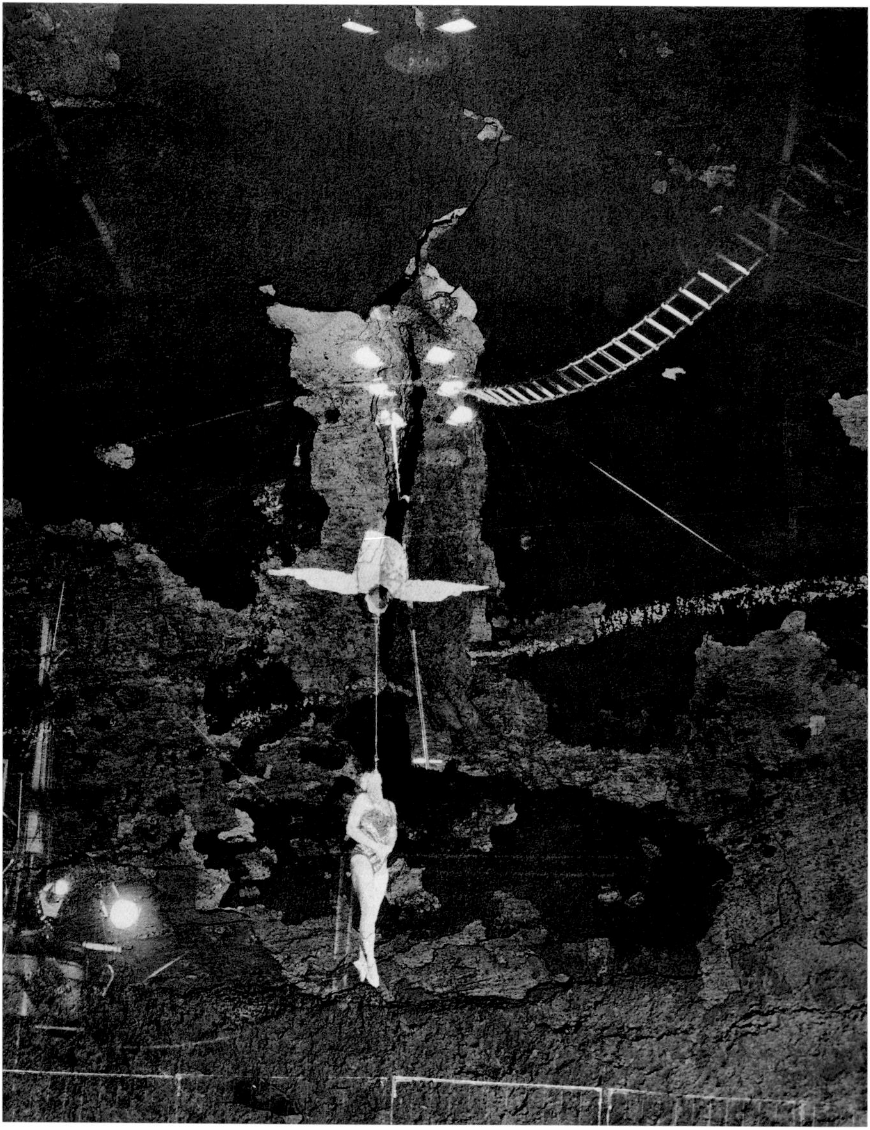

37 **1966**

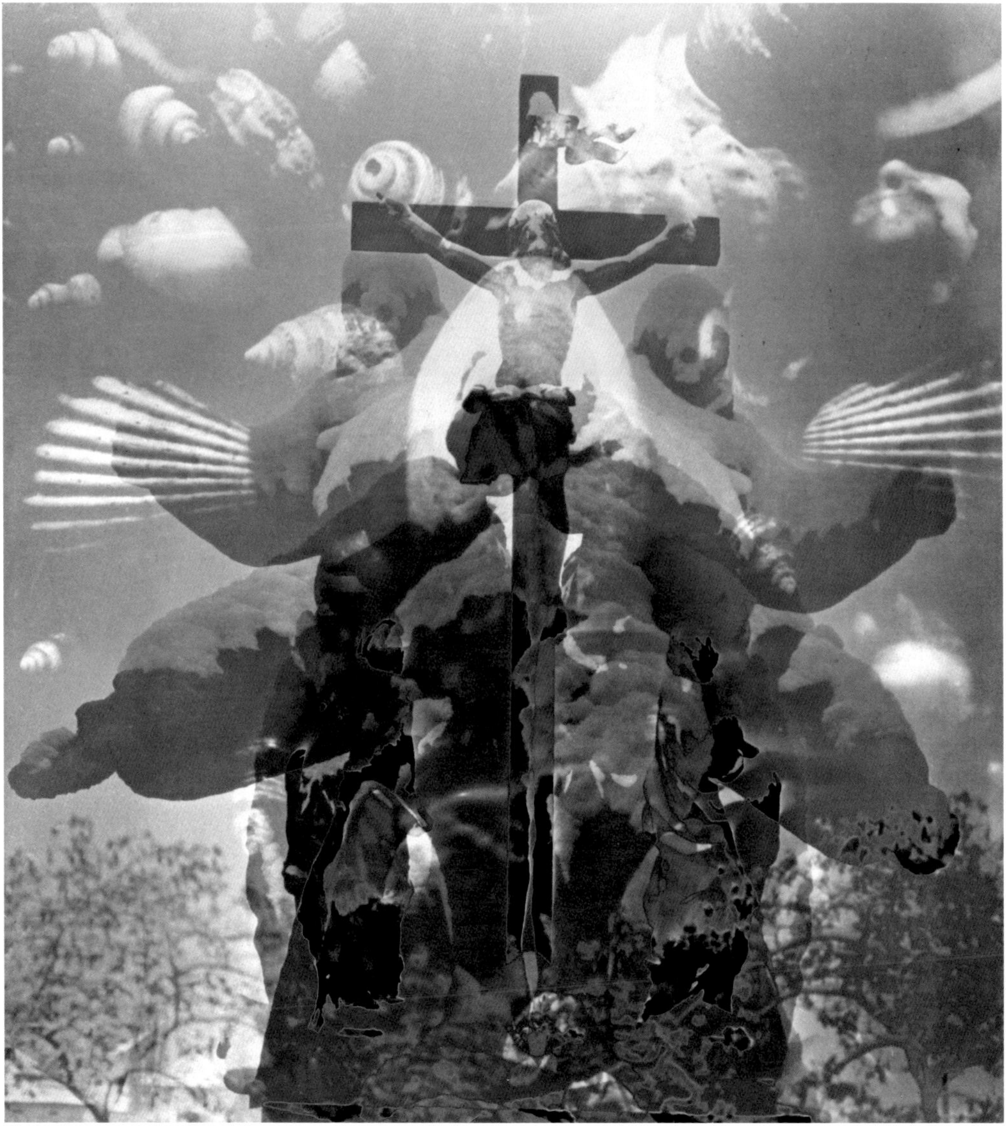

IN THE OLD FOOTSTEPS OF THE NEW OBJECTIVITY / VE STARÝCH STOPÁCH NOVÉ VĚCNOSTI (1962–2008)

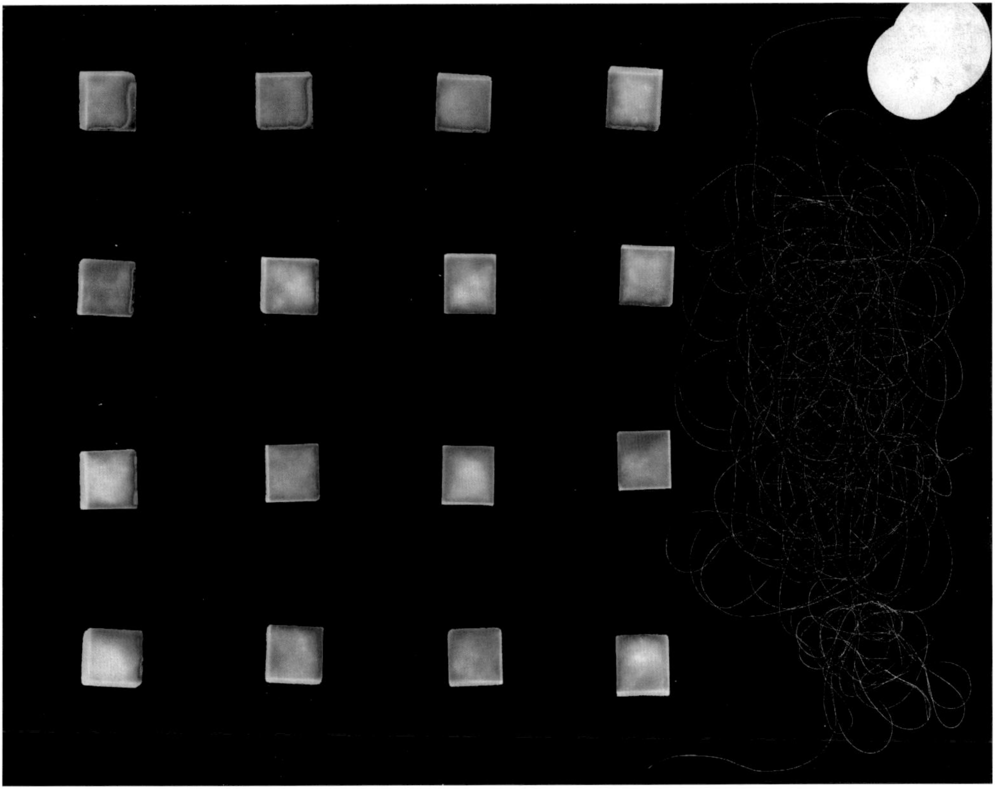

39 **1962**

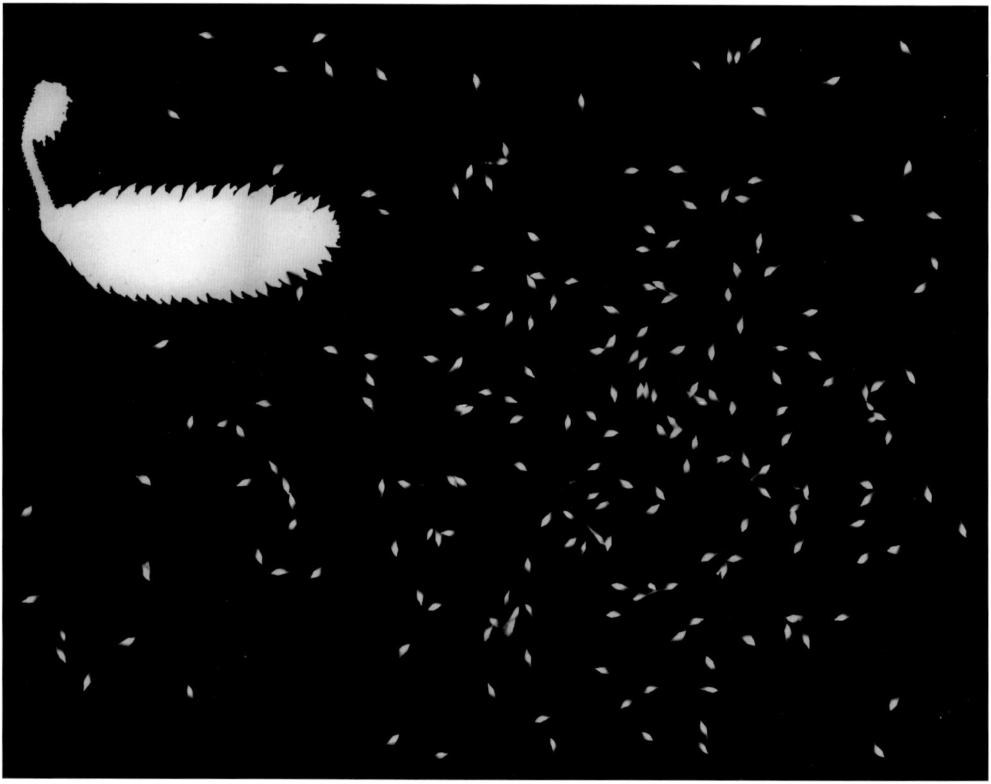

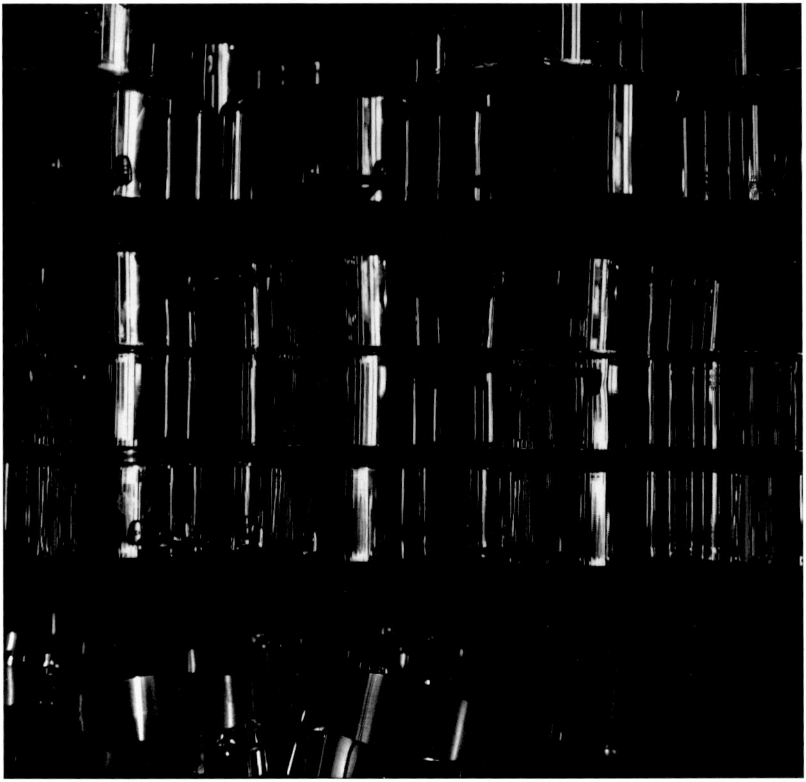

41 **1962**

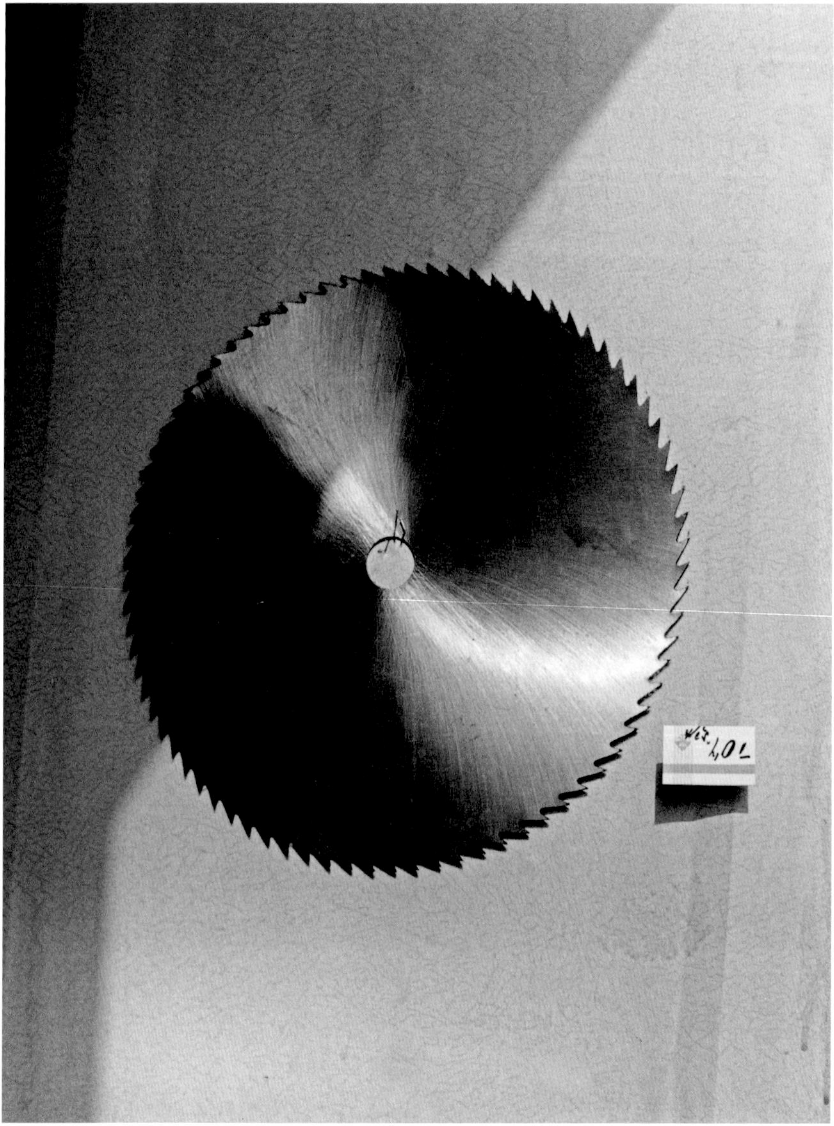

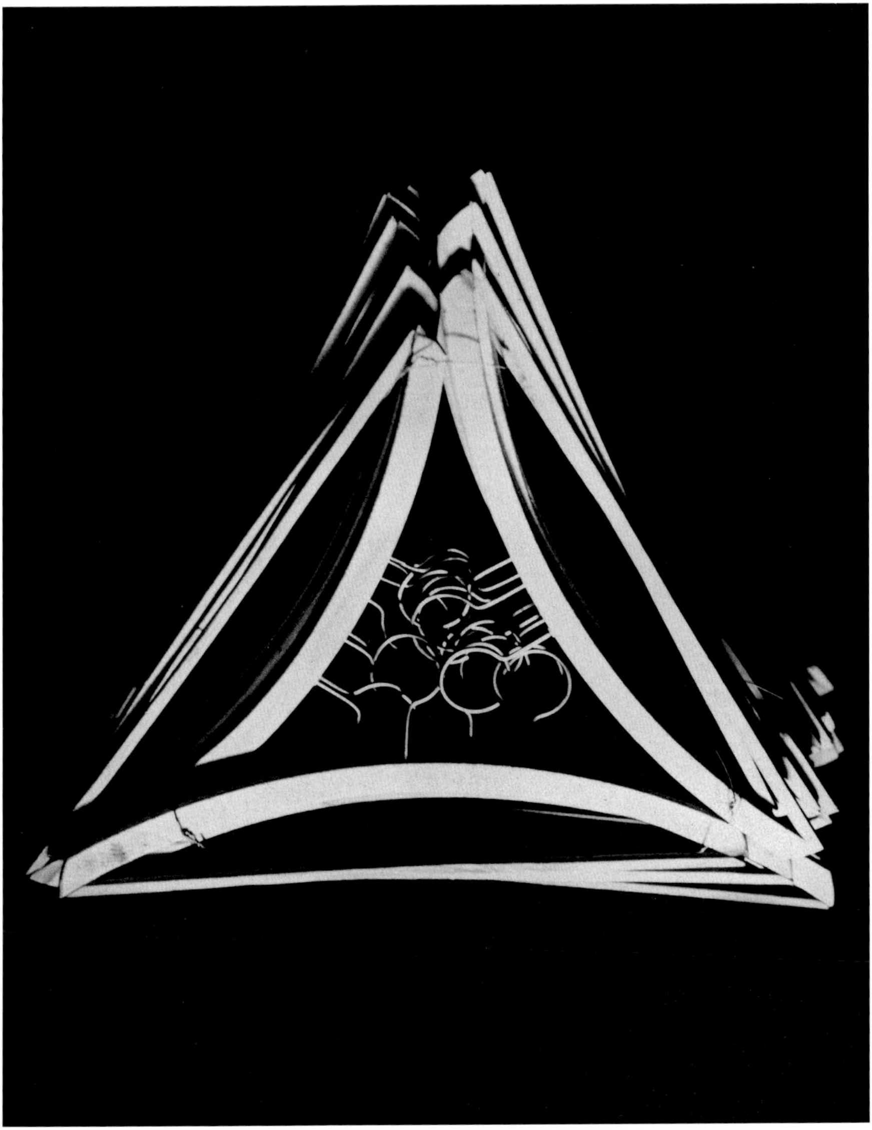

43 **1962**

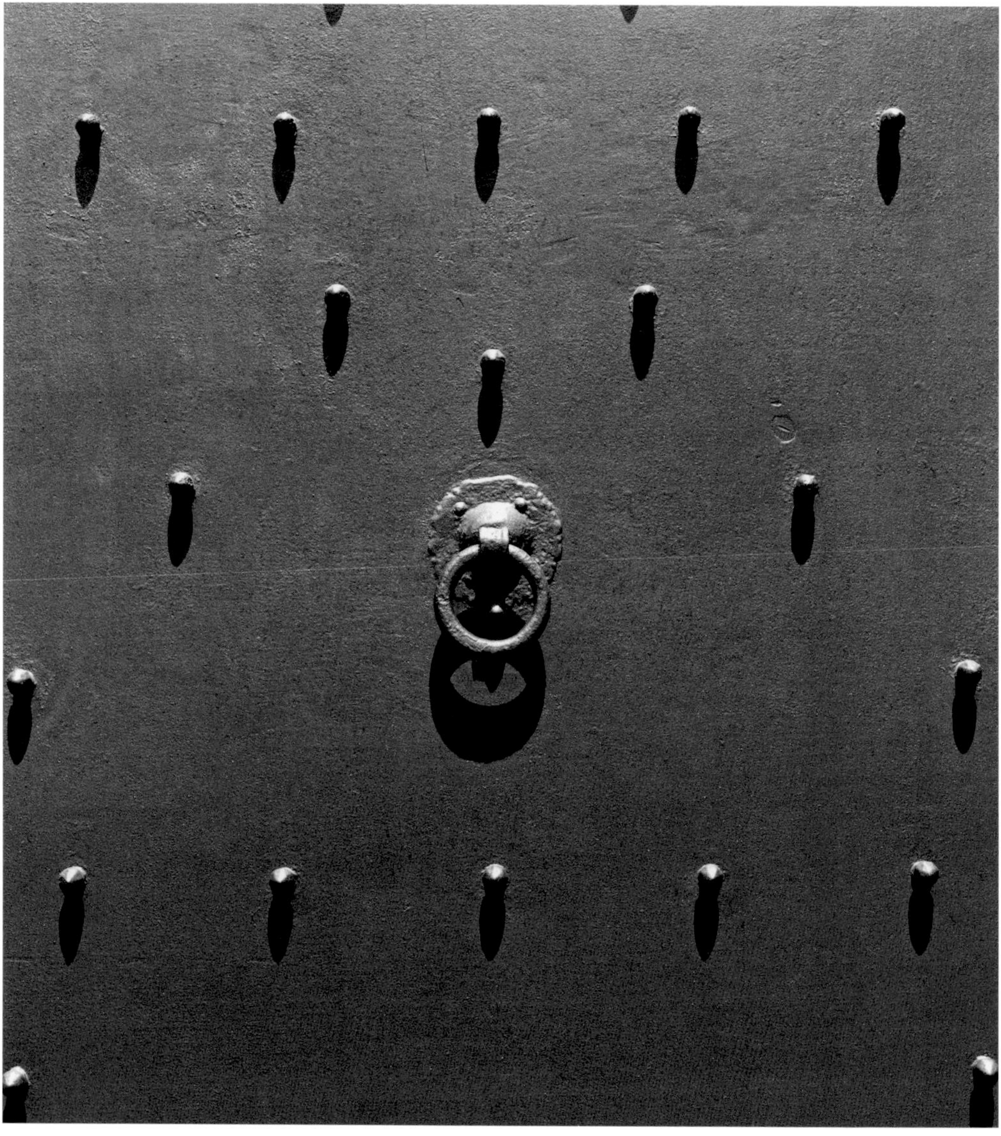

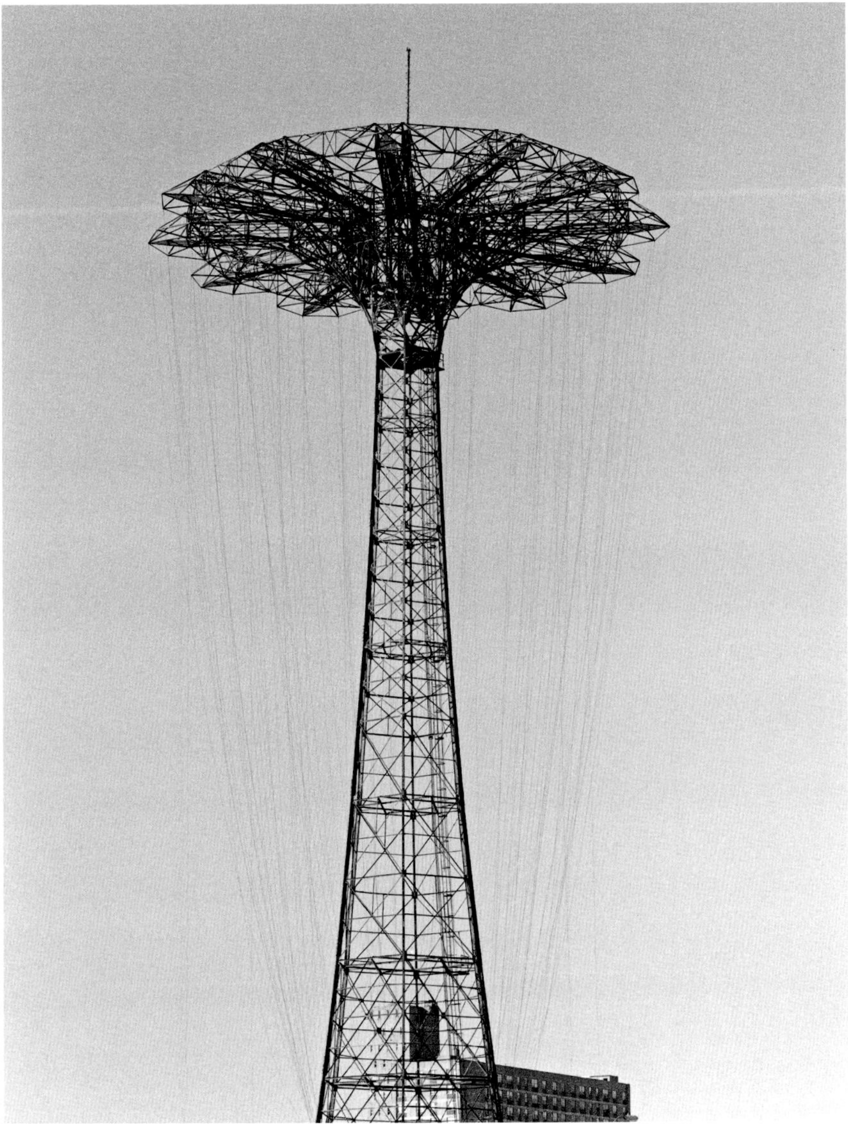

45 **1984**

NATURE MORTE (1963–1986)

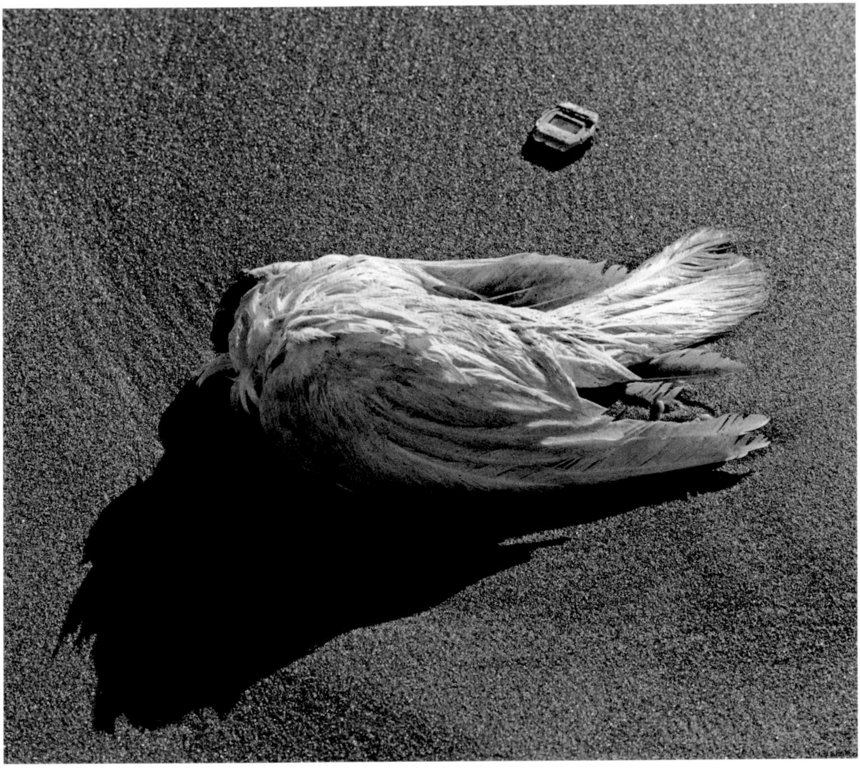

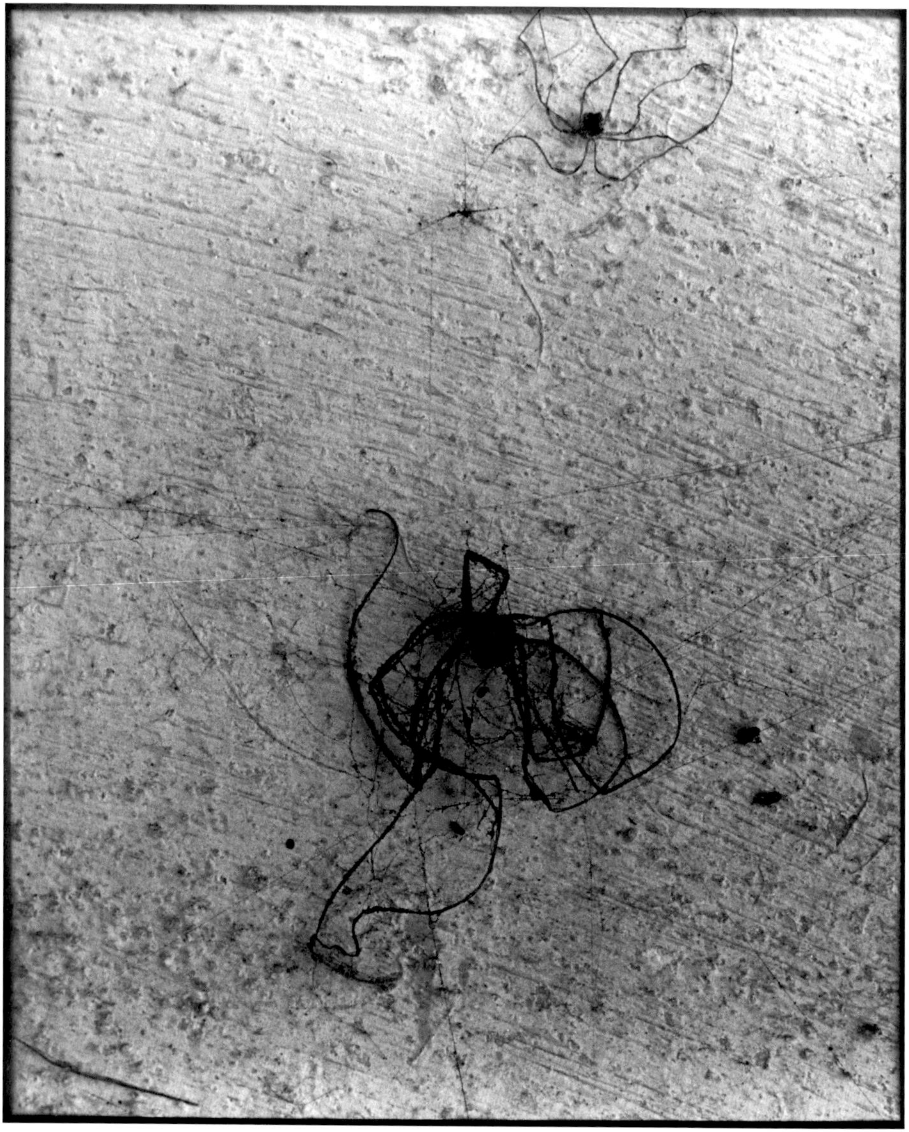

47 **1963**

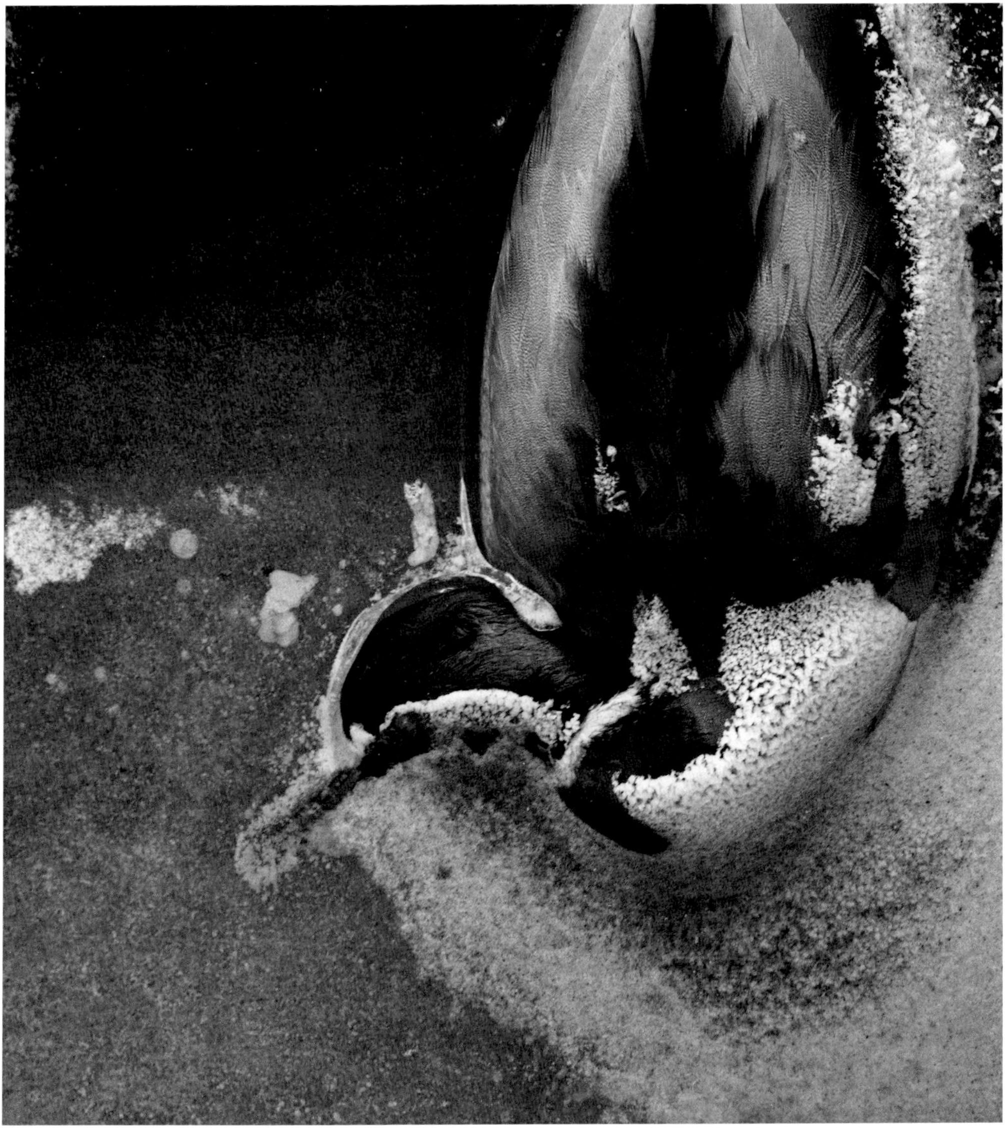

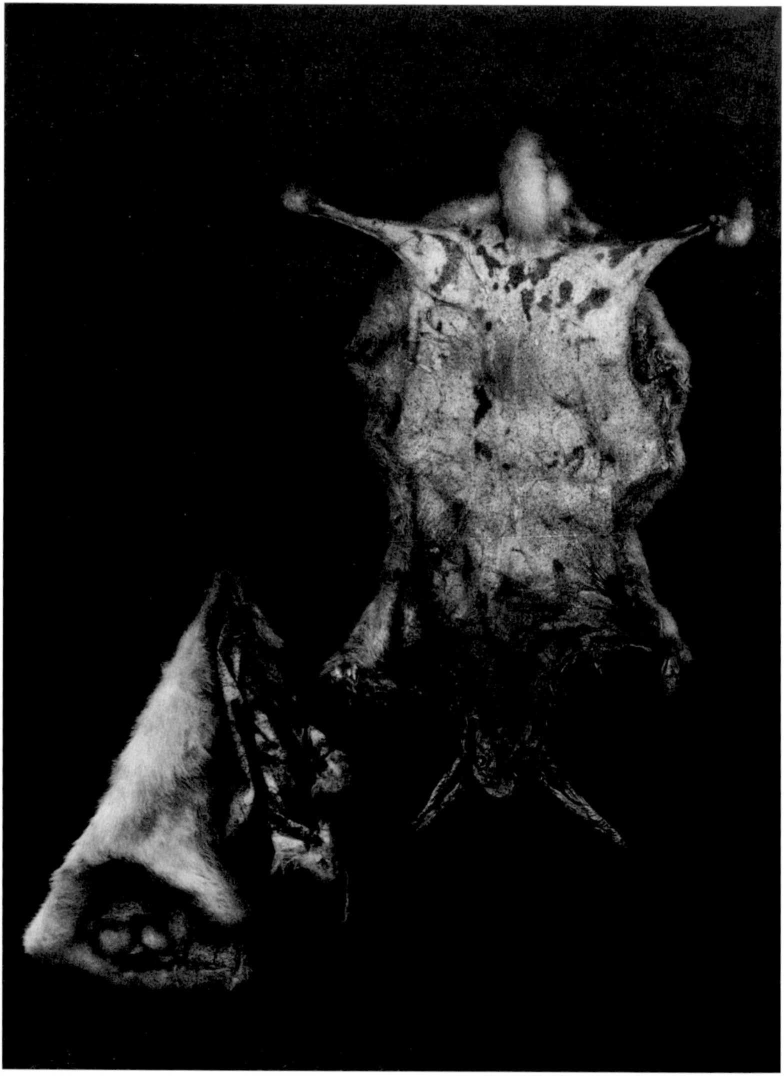

49 **1964**

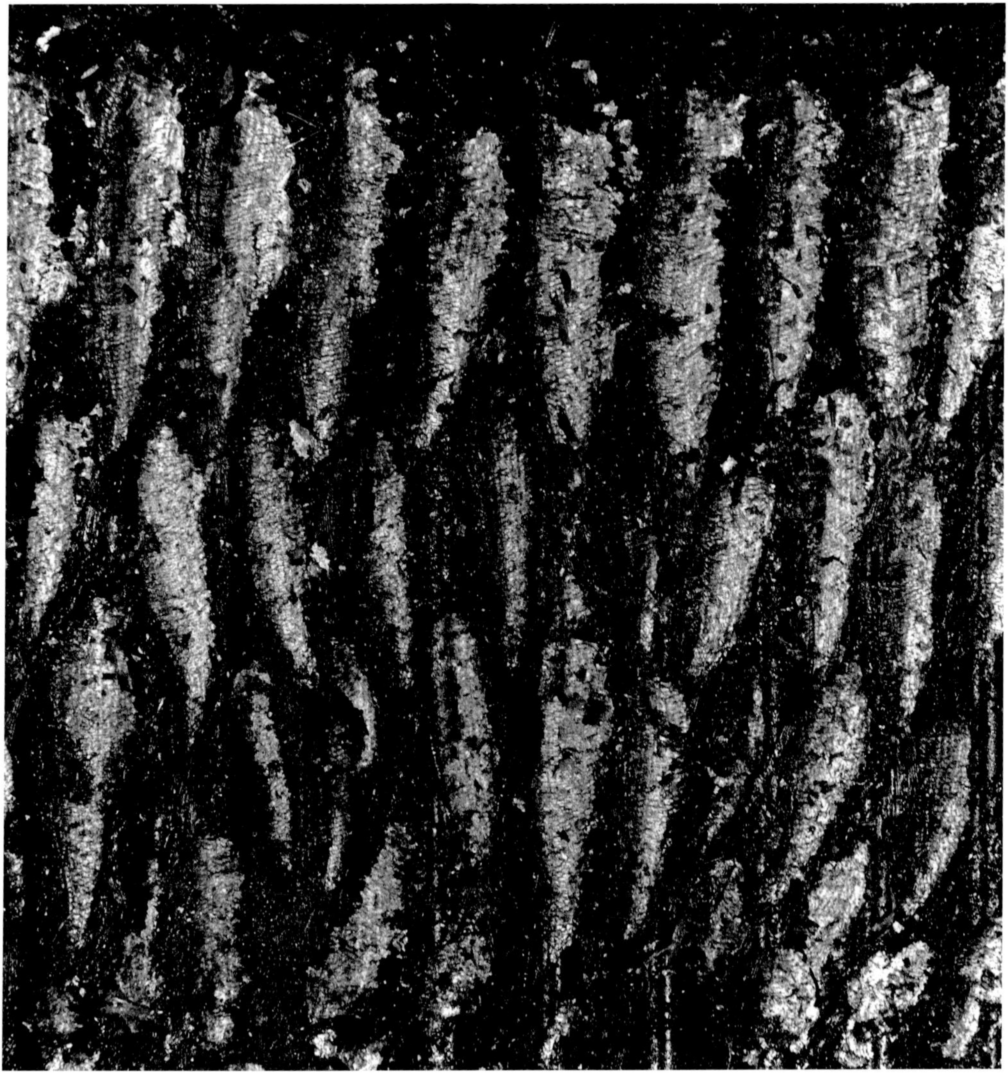

50 **1986**

REFLECTIONS / FIGURINES / REFLEXY / FIGURÍNY (1968–1987)

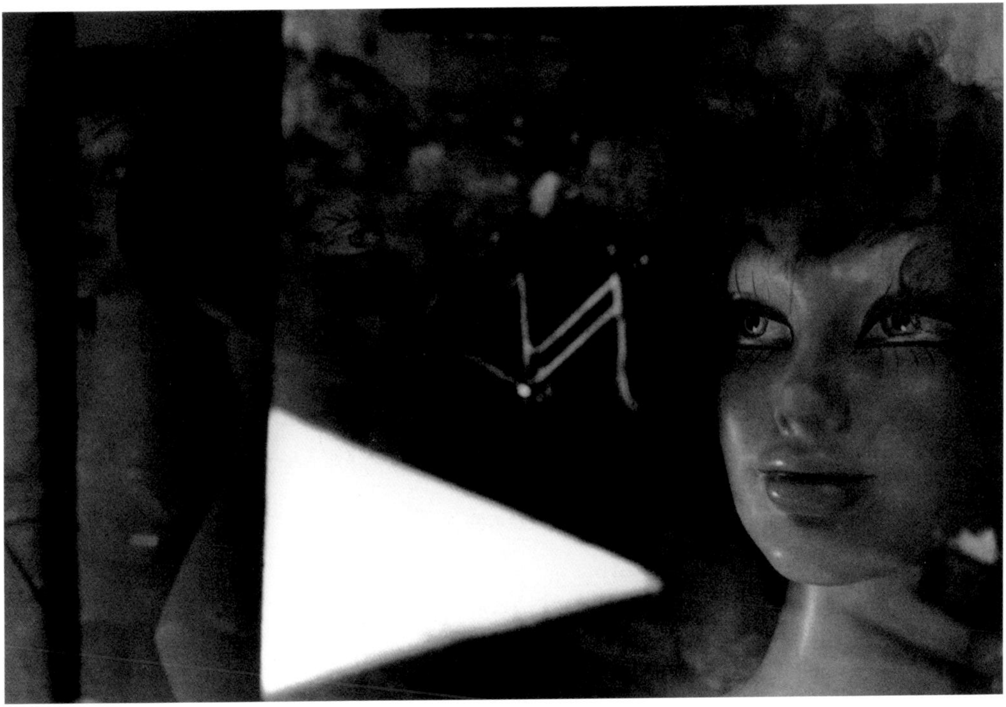

51 **1978**

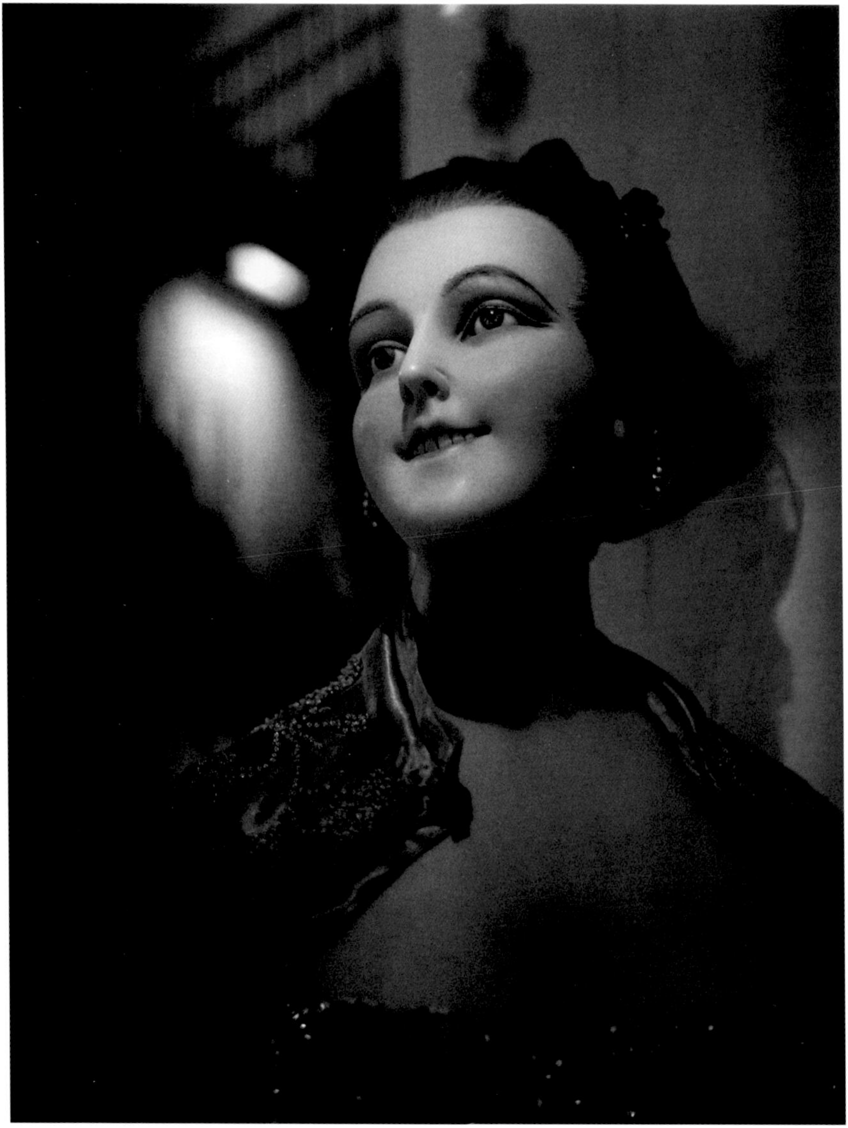

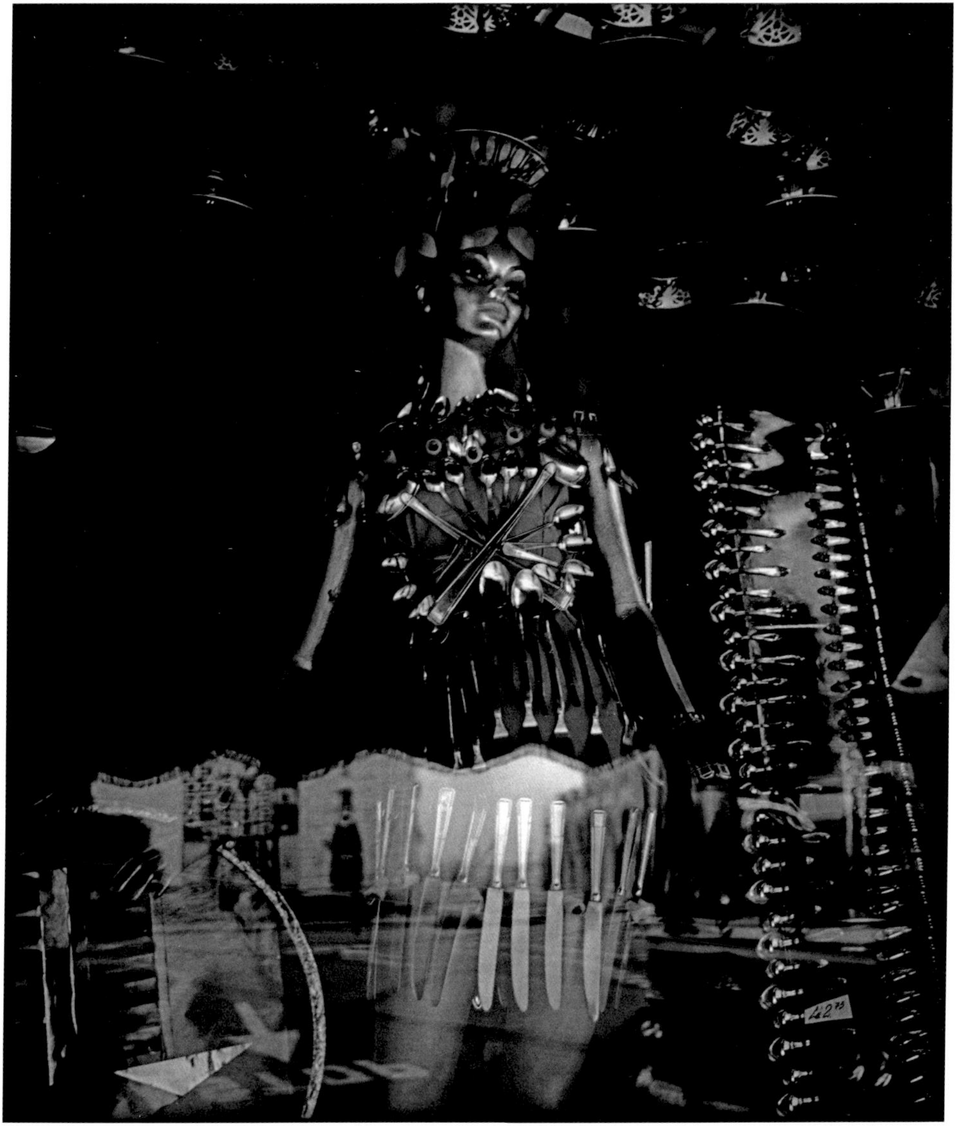

53 **1968**

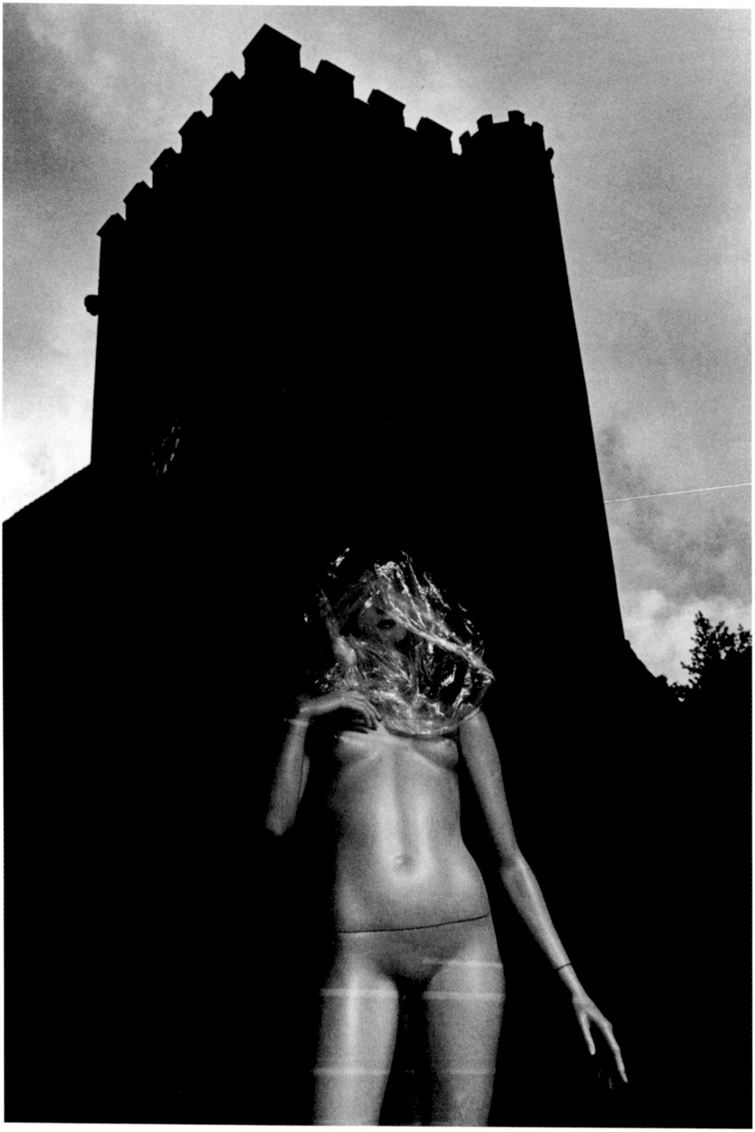

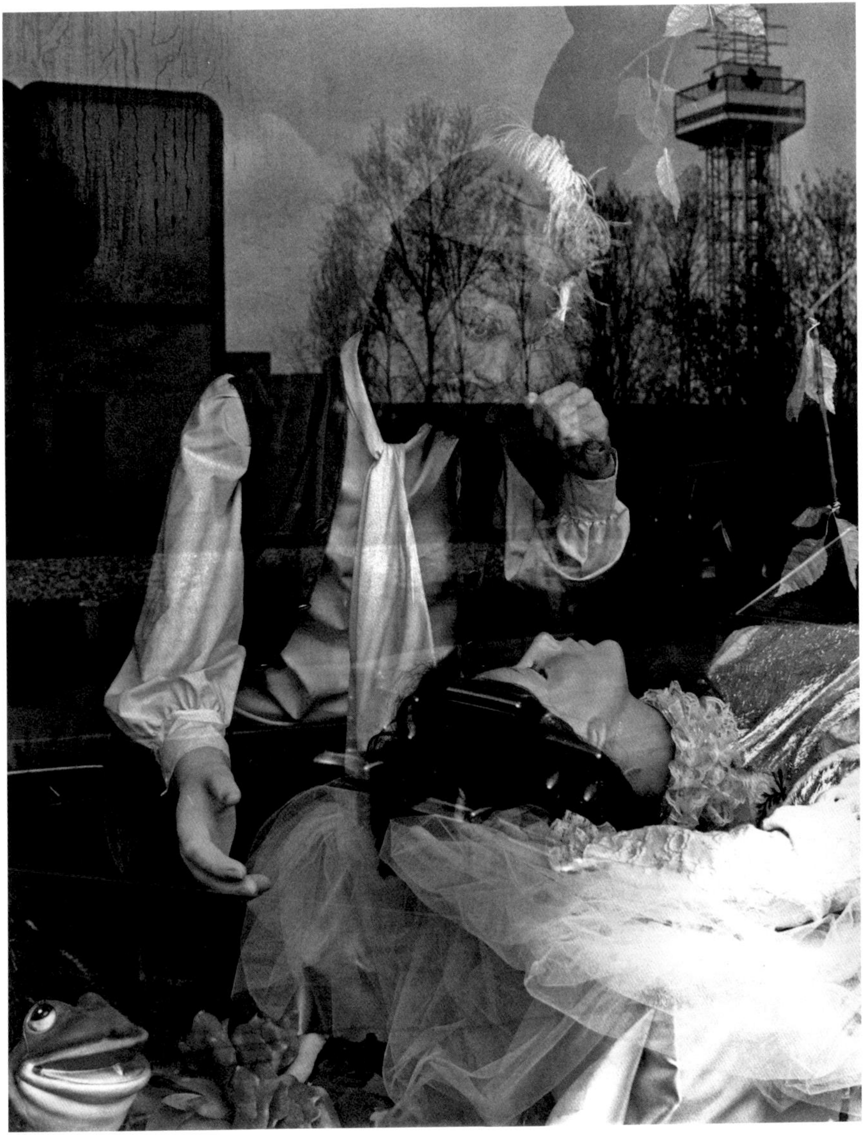

55 **1977**

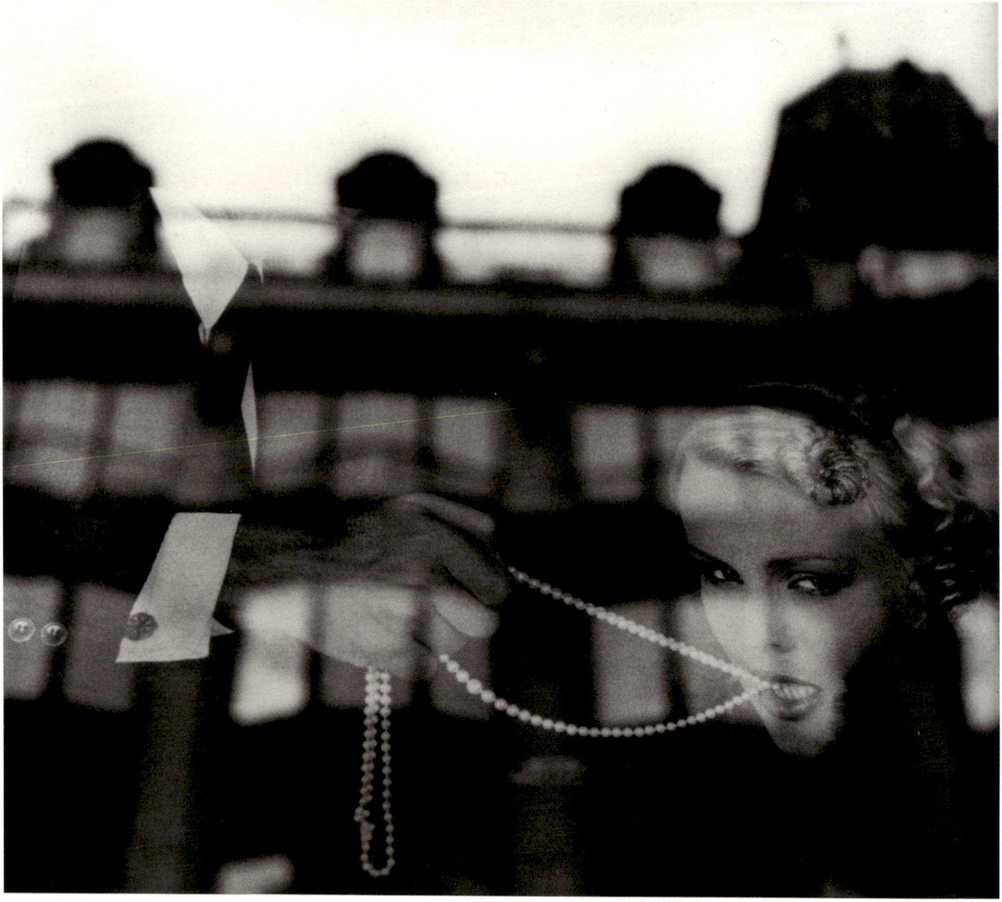

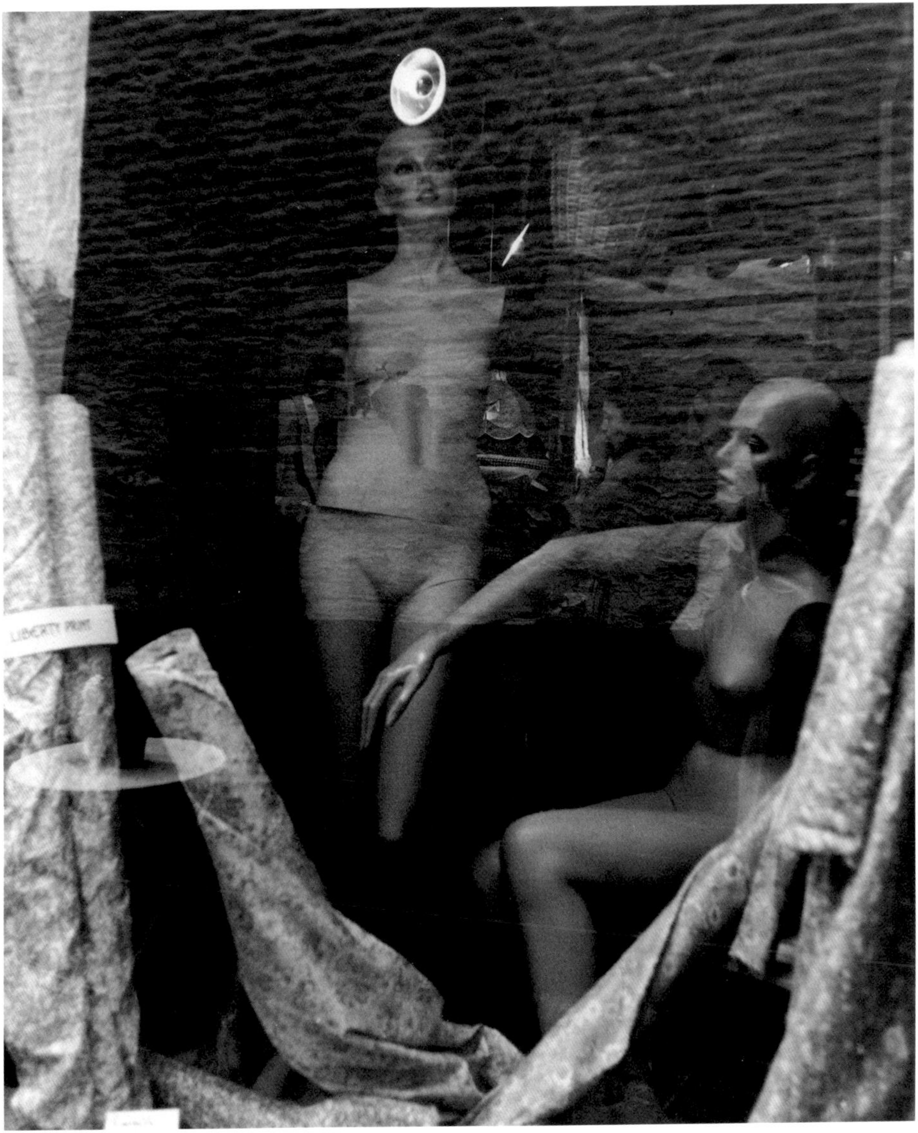

57 **1987**

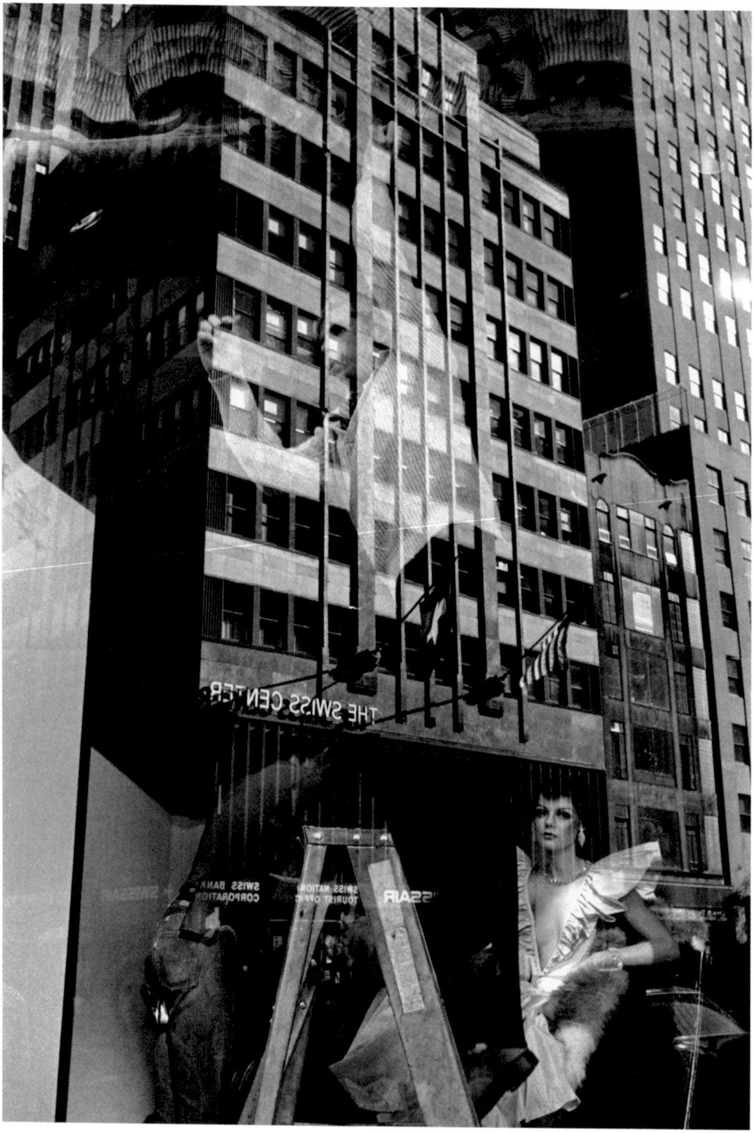

 1982

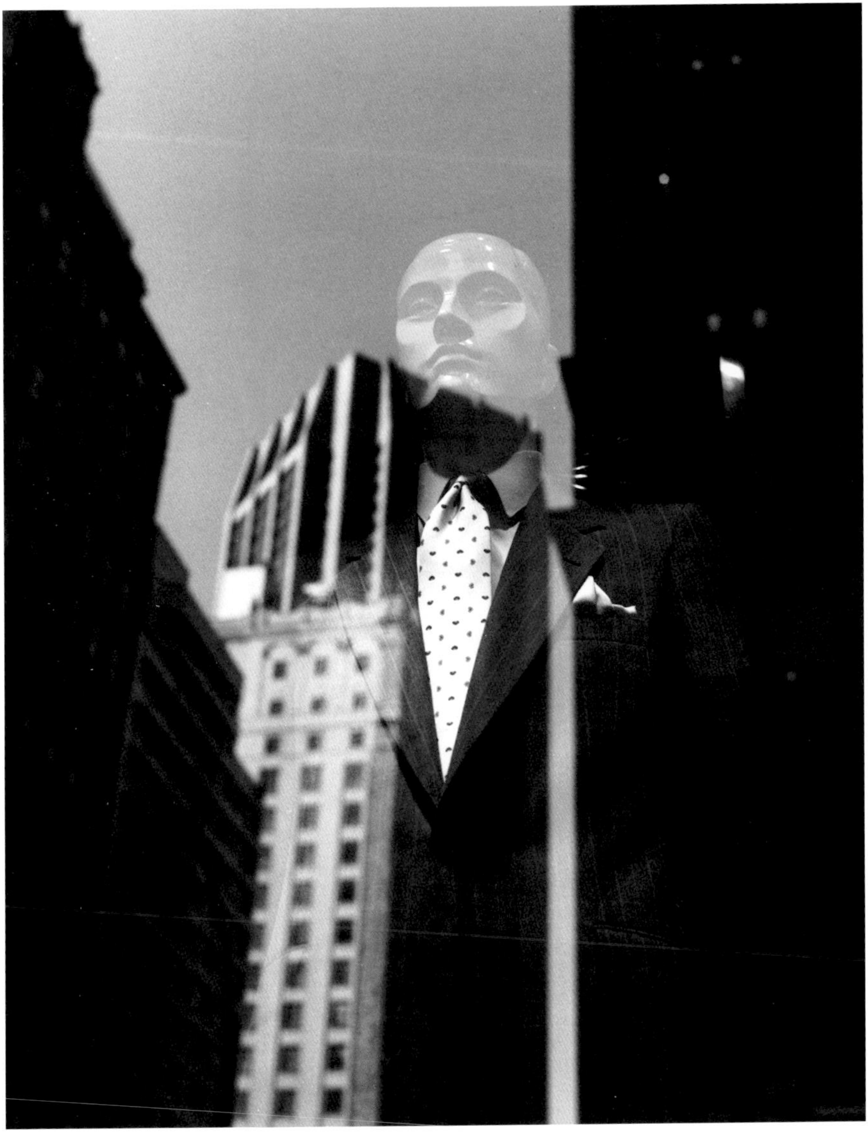

59 **1977**

LANDSCAPES / GEOMETRY / KRAJINY / GEOMETRIE (1955–2000)

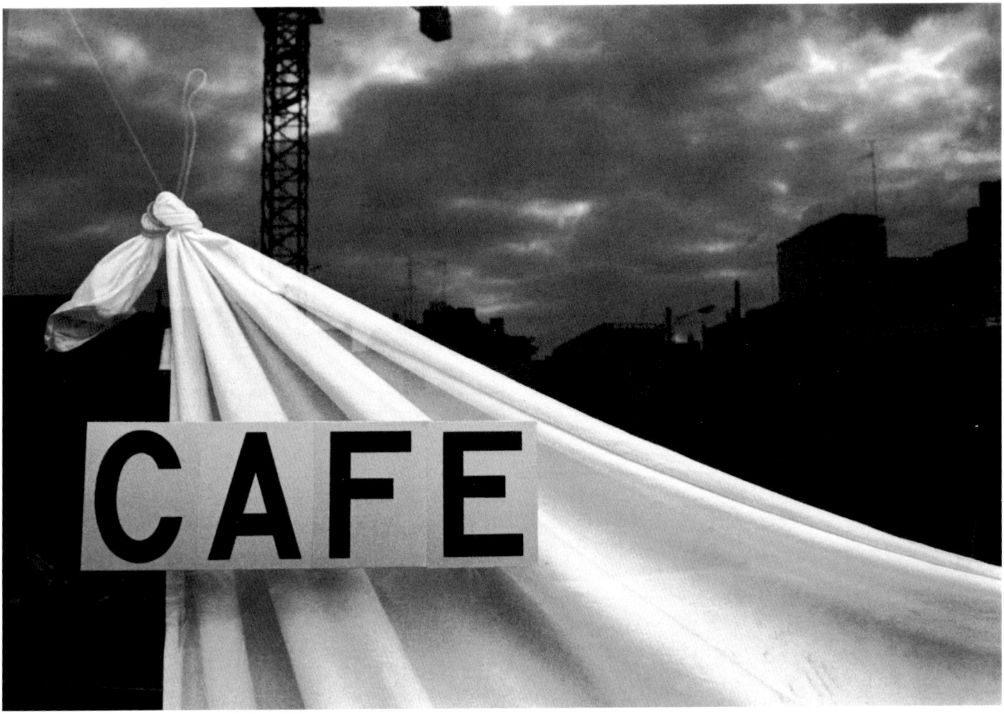
CAFE

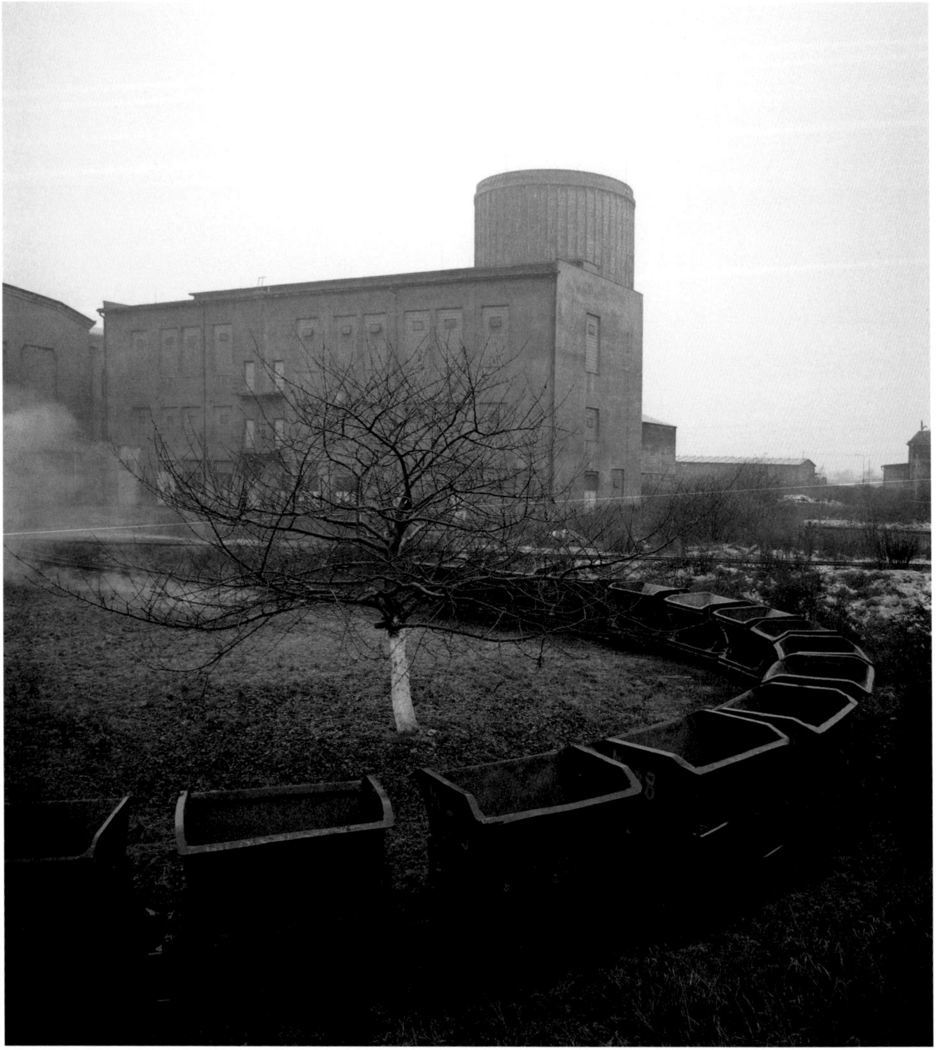

61 **1968**

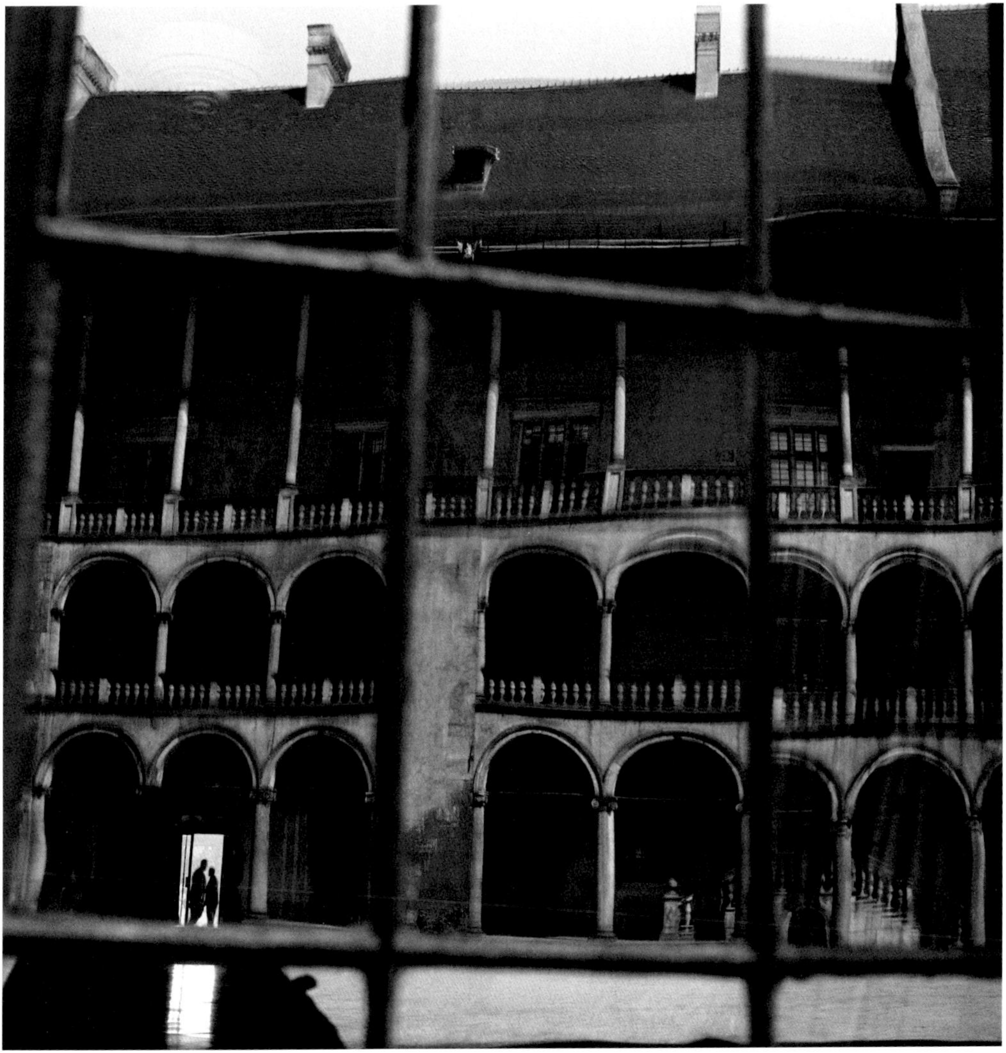

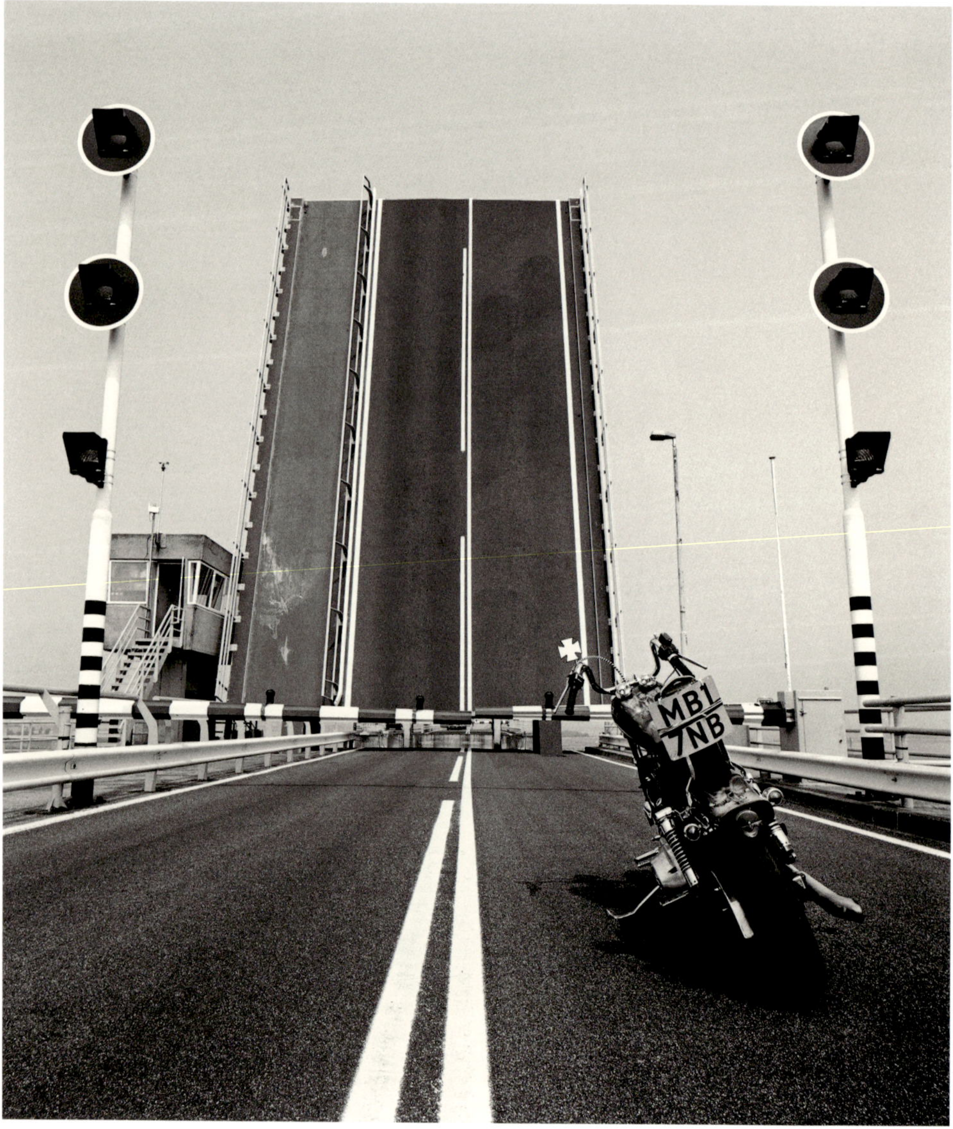

63 **1981**

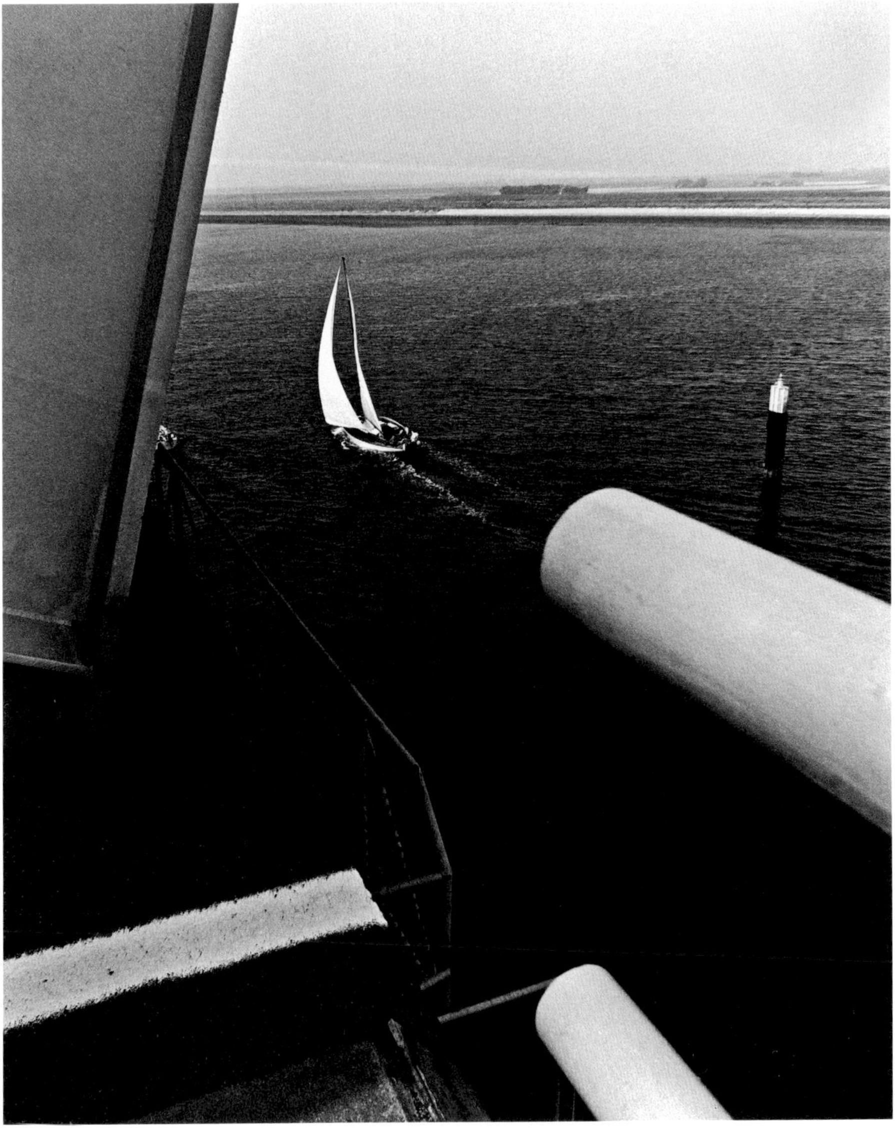

64 **1981**

Biographical Chronology

1944	Born in Pilsen, on 12 September, into a family that owned a glass factory.
1953	Given a Box-Tengor camera by his father; took his first photographs.
1957–58	Was a member of the photo club at school.
1960	Completed secondary school, and was hired as a photographer at the Škoda plant.
1961	Employed in the inventory department of Drobné spotřební zboží, a state-owned company for household goods.
1962	Employed in the Gumárenské závody, a rubber factory.
1962–63	Worked as a photographer in the West Bohemian Museum, Pilsen.
1964–69	Took a course in cinematography and photography at the Film and Television School of the Academy of Performing Arts (FAMU), Prague.
1969	Became a member of the photography section of the Union of Fine Artists.
1965–72	Studied philosophy at Charles University, Prague, and completed a doctorate with a dissertation entitled "Hegel's Attitude to Art."
1971–72	Did his compulsory military service as a photographer and assistant cameraman of Armádní film, a branch of the Czechoslovak People's Army making short propaganda films.
1972–73	Worked as a photographer in the Environmentalism and Urbanism Department of the Czechoslovak Academy of Science.
1973	In October defected to Brussels.
1973–92	Worked with Belgian theatres, particularly the Théâtre de l'Esprit Frappeur.
1975–76	A study-stay at the European Economic Community Information Service.
1976–81	More work with the EEC.
1981–87	Took photographs of art works for the Galerie Fred Lanzenberg, Brussels, for an advertising campaign for Renault cars and Europe Assistance, and worked with the *Libelle* weekly.
1985	In Brussels met Isabela Fárová.
1985	The Contretype Contemporary Photographic Art Centre, Brussels, published a portfolio of seven of his photographs.
1986	With Jiří Erml worked on photographs for the large *Craft Today* catalogue at the American Craft Museum, New York.
1987	His and Isabela's daughter, Annabela, was born.
1988	Worked on a catalogue with Erml for an exhibition of glass in the Church of St. Augustine, Antwerp.
1989	His and Isabela's second daughter, Inès, was born.
1997	Returned to his native land, and settled in the village of Mařížž, near Slavonice, southwest Moravia.
2003	With an exhibition in Masné krámy, Pilsen, he symbolically returned to his hometown.
2008	Presented his own large selection of his life's work at the double exhibition with Jiří Erml at the National Museum of Photography, Jindřichův Hradec, south Bohemia.

Životopisná data

1944 Narozen 12. září v Plzni v rodině sklářských průmyslníků.
1953 Dostává od otce fotoaparát Box-Tengor, činí první fotografické kroky.
1957–58 Navštěvuje školní fotokroužek.
1960 Končí jedenáctiletku (tehdy všeobecnou střední školu) a nastupuje jako fotograf ve Škodových závodech.
1961 Zaměstnán v inventurním oddělení podniku Drobné spotřební zboží.
1962 Zaměstnán v Gumárenských závodech.
1962–63 Pracuje v Západočeském muzeu jako fotograf.
1964–69 Studuje kameru a fotografii na pražské FAMU.
1969 Stává se členem fotografické sekce Svazu výtvarných umělců.
1965–72 Studuje filosofii na Karlově univerzitě v Praze, končí doktorátem za obhajobu práce *Hegelův vztah k umění*.
1971–72 Absolvuje vojenskou službu jako fotograf a asistent kamery Armádního filmu.
1972–73 Pracuje jako fotograf oddělení ekologie a urbanismu Československé akademie věd.
1973 V říjnu emigruje do Bruselu.
1973–92 Spolupracuje s belgickými divadly, především Théâtre de l'Esprit Frappeur.
1975–76 Absolvuje stáž v informačním servisu Evropského hospodářského společenství.
1976–81 Další spolupráce s EHS.
1981–87 Vytváří reprodukce pro galerii Freda Lanzenberga v Bruselu, reklamní kampaně pro Renault a Europe assistance, spolupracuje s týdeníkem Libelle.
1985 V Bruselu se setkává s Isabelou Fárovou.
1985 Bruselská galerie Contretype vydává portfolio sedmi Přibíkových fotografií.
1986 S Jiřím Ermlem spolupracuje na fotografiích pro obsáhlý katalog *Craft Today* v American Craft Museum v New Yorku.
1987 Narodila se mu dcera Annabela.
1988 S Jiřím Ermlem pracuje na katalogu výstavy skla v kostele sv. Augustina v Antverpách.
1989 Narodila se mu dcera Inès.
1997 Vrací se do Čech, usazuje se ve vsi Maříž poblíž Slavonic.
2003 Výstavou v Masných krámech se symbolicky vrací do svého rodného města Plzně.
2008 Představuje rozsáhlý vlastní výběr ze své celoživotní tvorby na dvojvýstavě s Jiřím Ermlem v Národním muzeu fotografie v Jindřichově Hradci.

Solo Exhibitions / Samostatné výstavy

1967 Jindřich Přibík: *„Představení“ – fotografie Divadla Járy Cimrmana*, Malostranská beseda, Praha
1974 Henri Pribik: *Photographies 1960–1974*, Banque Lambert, Bruxelles
1983 Henri Pribik: *Montages* (selection Michèle Chomette), Rencontres internationales de la photographie, Arles
1984 Henri Pribik: *Réflections 1959–1966* (selection Michèle Chomette), Rencontres internationales de la photographie, Arles
1984 Henri Pribik: *New York*, Théâtre de l'Esprit Frappeur, Bruxelles
1985 Henri Pribik: *Réflections*, Festival de L'Image, Le Mans
1985 Henri Pribik: *Réflections*, L'Espace photographique Contretype, Bruxelles
1987 Henri Pribik: *Photographies et Montages, 1960–1986*, Galerie Michèle Chomette, Paris
1989 Henri Pribik: *De Prague a New York*, Galerie Point de Vue – Bruxelles
2001 *Rekapitulace 1958–2001*, České centrum fotografie, Praha
2003 *Plzeň a okolí*, Západočeská galerie, Plzeň
2004 *Čtyři gravitační pole*, G4, Cheb
2004 *O Bohu, smrti a tak dále / On God, Death, etc.*, Ateliér Josefa Sudka, Praha
2008 *Jiří Erml a Jindřich Přibík: 2x*, Národní muzeum fotografie, Jindřichův Hradec

Selected Group Exhibitions / Skupinové výstavy (výběr)

1971 *10 fotografů*, Dům umění města Brna, Brno
1972 *Photography from Czechoslovakia (Erml, Hník, Hudec, Přibík, Radechovský, Reich, Vodák)*, Infinity Gallery, Seattle
1973 *Photography from Czechoslovakia (Erml, Hník, Hudec, Přibík, Radechovský, Reich, Saudek, Virt, Vodák)*, Focus Gallery, San Francisco
1974 *Photography from Czechoslovakia (Erml, Hník, Hudec, Přibík, Radechovský, Reich, Saudek, Virt, Vodák)*, Columbia College – Photographic Gallery, Chicago
1983 *Reportage Photo*, Galerie Le Soyeux, Tournai
1984 *Sol / Mur*, La Galerie Déclinaisons, Rouen
1985 *Sol / Mur*, Musée des Beaux-Arts, Le Havre
1985 *Sol / Mur*, Musée des Arts plastiques, Evreux
1986 *Le Mois de la Photographie*, La Fnac, Bruxelles
1991 *Česká fotografie v exilu*, Fórum, Praha
1992 *Československá fotografie v exilu*, Mánes, Praha
2000 *Slavonice 1990–2000*, Galerie Slavonice, Slavonice
2005 *Česká fotografie 20. století*, Uměleckoprůmyslové museum a Galerie hlavního města Prahy, Praha
2007 *Fotografie 70. let v ČSR*, Galerie U Bílého jednorožce, Klatovy
Un Mur, un trou, un visage, Maison d'Art Bernard Anthonioz, Nogent-sur-Marne
Un Mur, un trou, un visage, Scène nationale, Bar-le-Duc

Represented in Galleries / Zastoupení ve sbírkách

Bibliothèque Nationale de France, Paris
Collection d'Etat, Bruxelles
Collection Lambert (BBL – Banque Bruxelles Lambert), Switzerland
Collection Madeleine Millot-Durrenberger, Strasbourg
Collection Violet, Amsterdam
FRAC – Champagne-Ardenne, Reims
George Eastman House – International Museum of Photography and Film, Rochester
Moravská galerie v Brně, Brno
Musée de la Photographie, Charleroi
Museum of Modern Art, New York
Národní Muzeum fotografie, Jindřichův Hradec
Polaroid Collection, Amsterdam

Bibliography / Literatura

Books / Knihy

Němcová, Míla: *Na shledanou, Pánko!*, Plzeň, Západočeské nakladatelství 1968 (fotografie Jindřich Přibík).

Přibík, Jindřich: *Klíčové jevy ve světové fotografii* (diplomová práce), Praha, FAMU 1970.

Přibík, Jindřich: *Hegelův vztah k umění* (diplomová práce), Praha, FF UK 1972.

Koenigsmark, Josef: *Chomutovsko*, Plzeň, Západočeské nakladatelství 1968 (fotografie Jindřich Přibík, nepublikováno).

Théâtre de l'Esprit Frappeur 1963–1978, Bruxelles, Théâtre de l'Esprit Frappeur 1978.

Lheureux, Albert-André: *Théâtre de l'Esprit Frappeur 1978/1983*, Bruxelles, Théâtre de l'Esprit Frappeur 1983.

Fárová, Anna: *Jindřich Přibík / Rekapitulace 1958–2001*, Praha, České centrum fotografie 2001.

Přibík, Jindřich: *Muzeum. Plzeň 1963*, Plzeň, Západočeská galerie 2003.

Exhibition Catalogues / Katalogy výstav

Dufek, Antonín: *10 fotografů*, Brno, Dům umění 1971.

Collection d'Etat: Photographie (Acquisitions 1976–1980), Bruxelles, Ministère de la Communauté française de Belgique 1981.

Pribik, Henri: *Women / Femmes / Vrouwen* (kalendář s textem autora), Bruxelles, Contretype 1985.

Krčil, Bob (ed.): *Česká fotografie v exilu*, Brno, Host 1990 (připraveno 1983 v New Yorku).

Fárová, Anna (ed.): *Československá fotografie v exilu*, Praha, Výstavní síň Mánes 1992.

Fárová, Anna: *O Bohu, smrti a tak dále*, Praha, Ateliér Josefa Sudka 2004.

Birgus, Vladimír & Mlčoch, Jan: *Česká fotografie 20. století*, Praha, Kant 2005.

Millot-Durrenberger, Madeleine: *Un Mur, un trou, un visage*, Nogent-sur-Marne, Maison d'Art Bernard Anthonioz 2007.

Vančát, Pavel & Freiberg, Jan: *Fotografie 70. let v ČSR*, Klenová, Galerie Klatovy-Klenová 2008.

Selected Articeles and Published Photographs / Články a publikované fotografie (výběr)

Prošek, Josef: Jindřich Přibík, *Plamen* 6, 1964, č. 2, s. 8–9, 26, 30, 32, 50, 55, 88–89 (medailon a osm fotografií).

Fárová, Anna: Jindřich Přibík: Odsouzený, *Camera*, 1971, June.

red., *Creative Camera*, 1973, 113 (November), s. 361, 376–377.

Fárová, Anna: *Přibík / Co je to alchymie obrazu* (datováno: Praha, 16. ledna 1985, nepublikovaný text).

Podestát, Václav: Plzeň a okolí 1953–2003, *Ateliér*, 2004, č. 3, s. 6.

Fárová, Anna: O Bohu, smrti a tak dále (úvodní slovo k vernisáži Jindřicha Přibíka v Ateliéru Josefa Sudka, 11. 11. 2005), *Ateliér*, 2005, č. 1, s. 7.

Freiberg, Jan: Rozhovor s fotografem Jindřichem Přibíkem, *Pars pro toto* 4, 2005, č. 7, s. 5–8.

List of Published Photographs

Impressionism, 1953–1963

Museum, Pilsen, 1963–1964

Workers, 1960–1963

Reflections / Pilsen, 1962–1965

Montages, 1963–2002

30 The Mild Disagreement of the Man in Gray over the Threat Being Carried Out, 1963
31 Conspiracy of silence, 1965 / 1979
32 A Longing to Fly, August, 1968
33 12.15 in Moravičany, 1970
34 The Cosmic Plasma of the Family, 1986
35 A Socialist Work Brigade, 1962–63
36 A March through Town, 1989
37 The Moment of Equilibrium, 1966
38 Sittlichkeit und Zeitgeist (Order), 1964

In the Old Footsteps of the New Objectivity, 1962–2008

39 The Dice of Sugar are Cast and the Gordian Knot Is Slipped On, Pilsen, 1962
40 Seeds like a Starry Sky, Pilsen, 1965
41 New Pots, Pilsen, 1962
42 A Saw for 40 Crowns, Pilsen, 1962
43 Coat Hangers, Rokycany, 1962
44 Door Knocker, Madrid, 1994
45 The Parachute Jump, Coney Island, 1984

Nature Morte 1963–1986

46 The Time of Civilization, Coney Island, 1984
47 Spiders, Pilsen, 1963
48 Frozen Duck, Pilsen, 1964
49 Rags, Bones, and Skins, Mítov, 1964
50 Lunch Eaten, Memories Remain, Ibiza, 1986

Reflections / Figurines, 1968–1987

51 Florence, 1978
52 Manicure, Cracow, 1968
53 Fetishism, Bulgaria, 1968
54 Oxford, 1979
55 Snow White and the Prince, Niagara Falls, 1977
56 Pearls and Diamonds, Bahnhofstrasse, Zurich, 1976
57 An Intimate View, Brussels, 1987
58 American Cinderella, New York City, 1982
59 Well Dressed and Sure of Himself, New York City, 1977

Landscapes / Geometry, 1955–2000

60 Café – Drapery Landscape, Eindhoven, 1975
61 Prison (Homage to van Gogh – Courtyard) – Circle Landscape, near Chomutov, 1968
62 Château – Wave Landscape, Poland, 1969
63 Dead End, Zeeland, 1981
64 Shot, Zeeland, 1981

Unless otherwise stated, the photo is a gelatin-silver print from the original negative. Photos from the *Montages* series are assemblages comprising between two and thirty-six negatives, often printed on solarized paper.

Soupis publikovaných fotografií

s. 2 Jindřich Přibík při vypírání fotografií před výstavou, Mařiž 2004. Foto: Martine Franck

Impresionismus (1953–1963)

1 Velká voda, Přibíkův jez – Tábor, 1959
2 Cestou do školy, Plzeň, 1958
3 Utonulá ryba, Holoubkov, 1962
4 Louže po požární nádrži, Plzeň, 1960
5 Volnost, 12. 9. 1960, Plzeň

Muzeum Plzeň (1963–1964)

6 Krásný konstruktivní srneček, 1963–64
7 Dvě rozdílné povahy, 1963–64
8 Křídla andělů, 1963–64
9 Bůh, 1963–64

Dělníci (1960–1963)

10 Uhlíř a katedrála, Plzeň, 1960
11 Uklízečka na nádvoří muzea, Plzeň, 1963
12 Gumárna, Plzeň, 1962
13 Zřízenec pohřebního ústavu, Plzeň – Masné krámy, 1960
14 Antonín Svoboda, řečený „Anton“, Plzeň, 1959

Reflexy / Plzeň (1962–1965)

15 13 mužů v nádražní stanici Staňkov, 1962
16 6 hlav ve vlaku, 1962
17 Poslední sklenice piva, Plzeň, 1962
18 Las rinde el sueño (Zmáhá je spánek), u Touškova, 1962
19 Dělníci ve vlaku za bouřky, u Ejpovic, 1962

20 Chlapec ve vlaku, u Rokycan, 1962
21 Pytle brambor, Plzeň, 1964

Montáže (1963–2002)

22 Terč, z cyklu Odsouzený, 1964–65
23 Žalářovaný, z cyklu Odsouzený, 1964–65
24 Souzený, z cyklu Odsouzený, 1964–65
25 Odsouzený, z cyklu Odsouzený, 1964–65
26 Žalářník. Odsouzenec, z cyklu Odsouzený, 1964–67
27 Učitel a žák, 1969
28 Podle tvaru těla a držení křídel rozeznáváme, že je to samička, 1964
29 Úsměvný hold odcházejícím alias Pohřeb iluzí, 1966
30 Mírný nesouhlas muže v šedém s právě se uskutečňující hrozbou, 1963
31 Psšst!, 1965 / 1979
32 Touha vzlétnout, srpen 1968
33 12.15 v Moravičanech, 1970
34 Kosmická plazma rodiny, 1986
35 Brigáda socialistické práce, 1962–63
36 Pochod městem, 1989
37 Okamžik rovnováhy, 1966
38 Sittlichkeit und Zeitgeist (Řád), 1964

Ve starých stopách nové věcnosti (1962–2008)

39 Kostky cukru jsou vrženy a gordický uzel navlečen, Plzeň, 1962
40 Semena jako hvězdné nebe, Plzeň, 1965
41 Nové hrnce, Plzeň, 1962
42 Pila za 40 Kčs, Plzeň, 1962
43 Ramínka, Rokycany, 1962
44 Klepadlo, Madrid, 1994
45 Řetízkový kolotoč, Coney Island, 1984

Nature morte (1963–1986)

46 Civilizační čas, Coney Island, 1984
47 Pavouci, Plzeň, 1963
48 Zamrzlá kachna, Plzeň, 1964
49 Kosti, hadry, kůže, Mítov, 1964
50 Oběd snědén, vzpomínky zůstávají, Ibiza, 1986

Reflexy / Figuríny (1968–1987)

51 Florencie, 1978
52 Manicure, Krakov, 1968
53 Fetišismus, Bulharsko, 1968
54 Oxford, 1979
55 Princ a Sněhurka, Niagara Falls, 1977
56 Perly a démanty, Zürich, Banhofstrasse, 1976
57 Intimní pohled, Brusel, 1987
58 Americká popelka, N. Y. C., 1982
59 Dobře oblečen a jistý sám sebou, N. Y. C., 1977

Krajiny / Geometrie (1955–2000)

60 Cafe – Krajina draperie, Eindhoven, 1975
61 Vězeň (Pocta van Goghovi – Dvůr) – Krajina kruh, Chomutovsko, 1968
62 Zámek – Krajina vlna, Polsko, 1969
63 Dead End, Zeeland, 1981
64 Výstřel, Zeeland, 1981

Není-li uvedeno jinak, jde o bromostříbrnou zvětšeninu z původního autorského negativu. V případě Montáží jde o asambláže z 2–36 negativů, často zvětšované na solarizovaný papír.

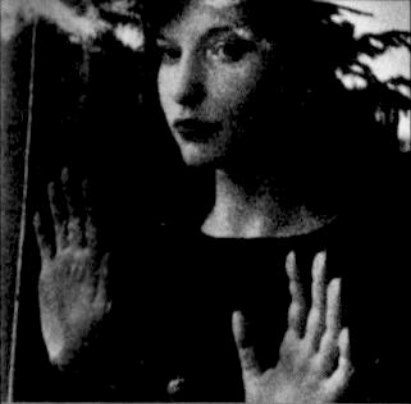
Alexandr **Hackenschmied**

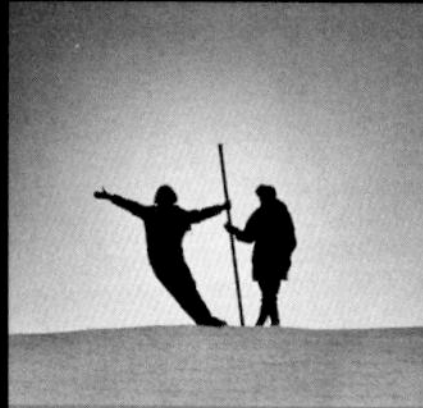
Bohdan **Holomíček**

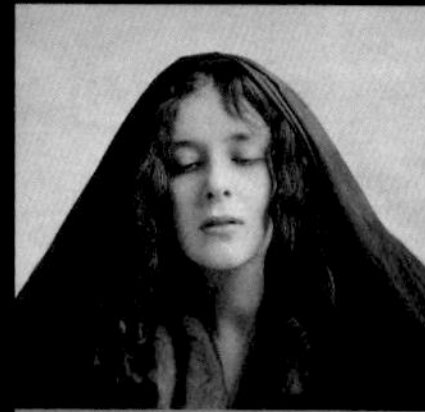
Alfons **Mucha**

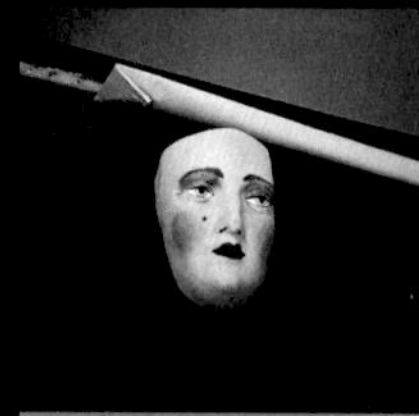
Jindřich **Štyrský**

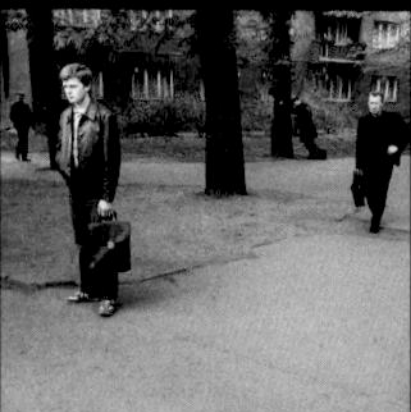
Viktor **Kolář**

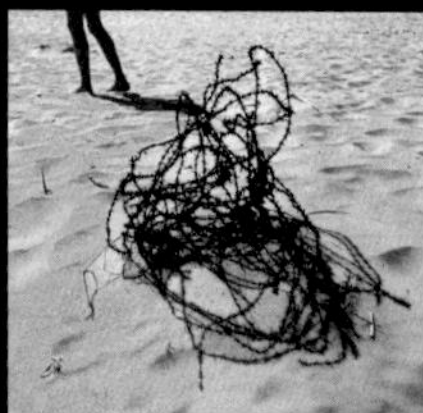
Josef **Koudelka**

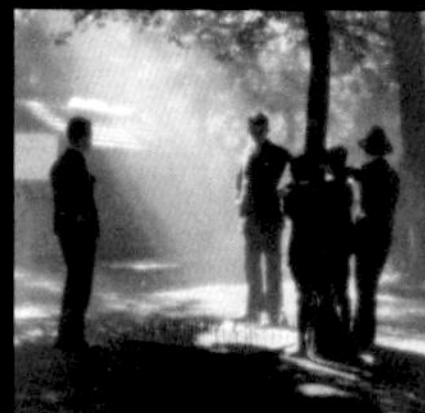
Josef **Sudek**

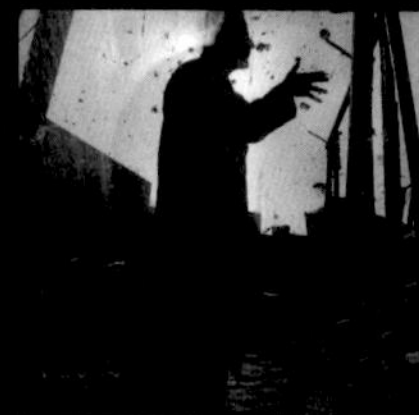
Antonín **Kratochvíl**

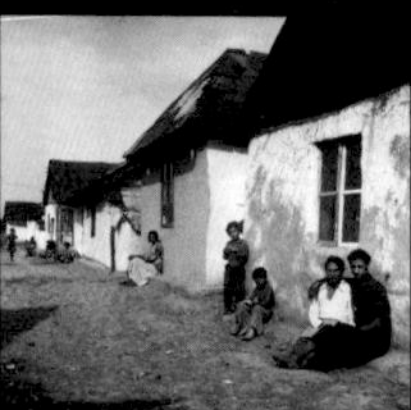
Eva **Davidová**

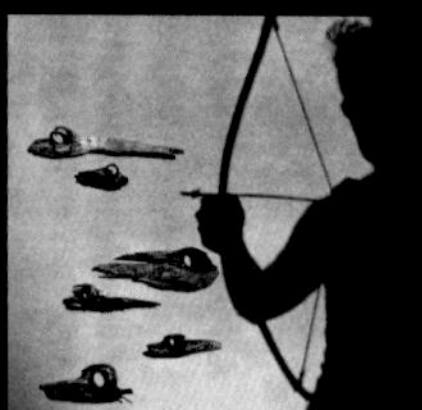
Emila **Medková**

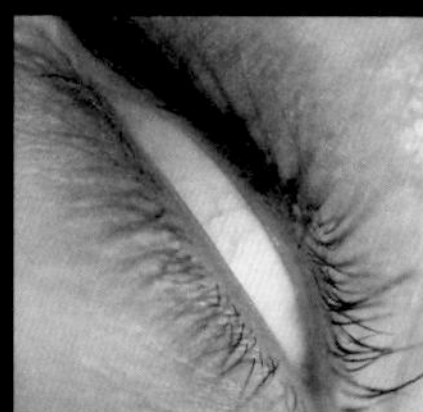
Tono **Stano**

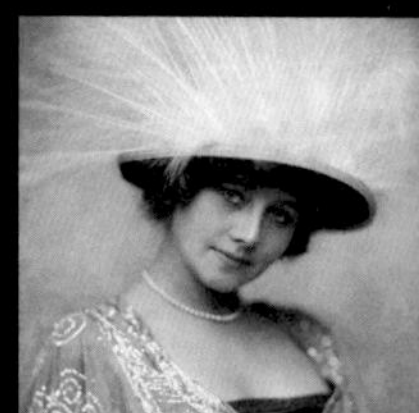
Jan **Langhans**

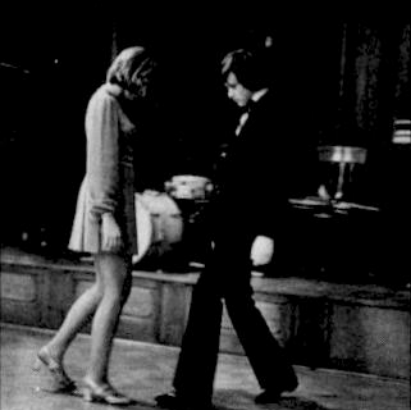
Iren **Stehli**

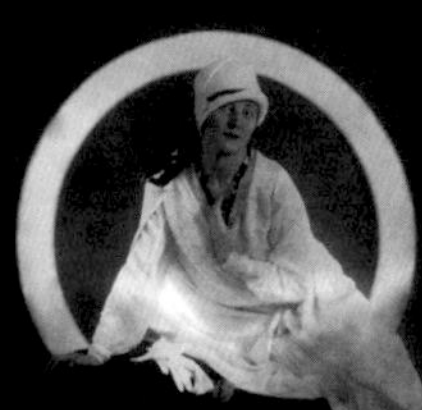
František **Drtikol**

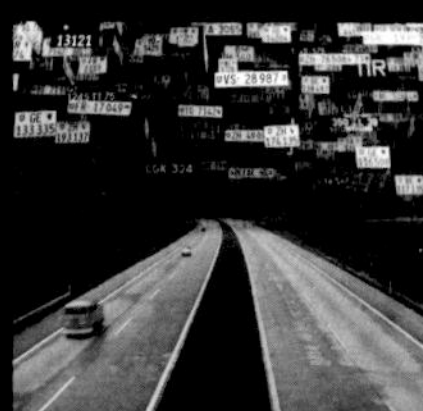
Eva **Fuková**

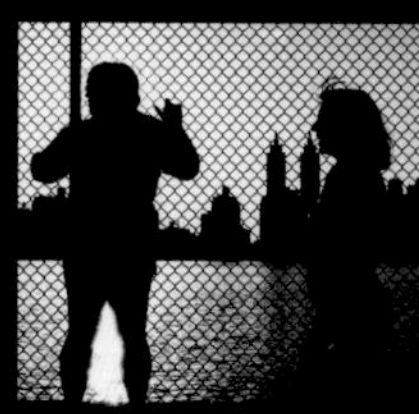
Bohumil **Krčil**

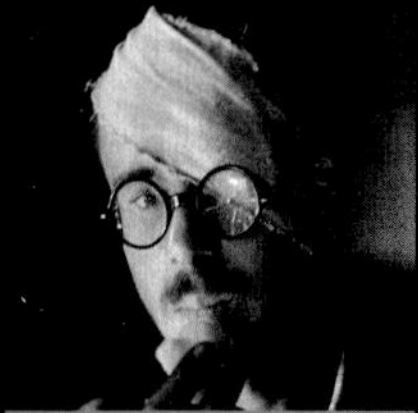
Zdeněk **Tmej**

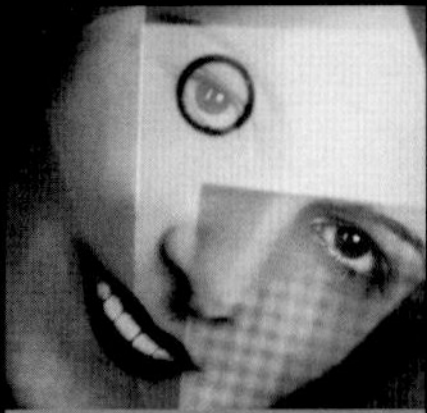
Jaroslav **Rössler**

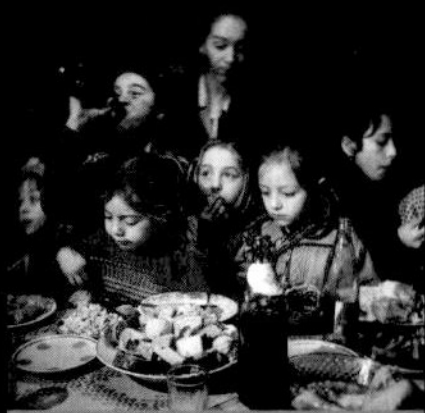
Karel **Cudlín**

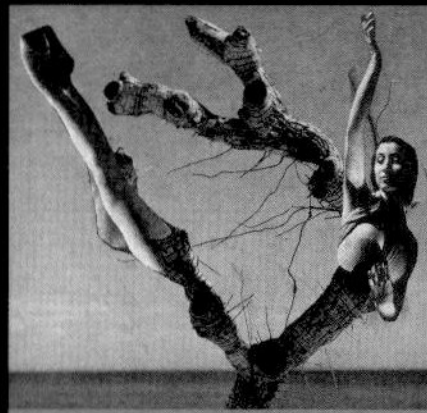
Karel **Teige**

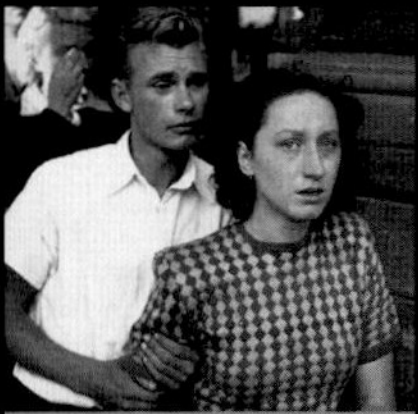
Jan **Lukas**

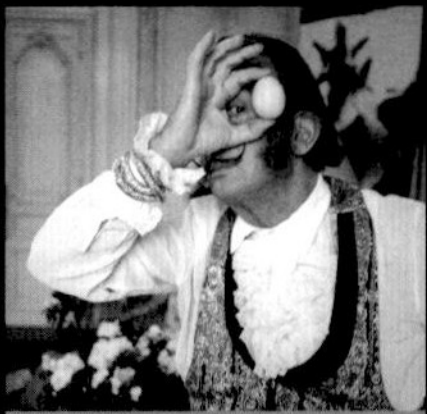
Václav **Chochola**

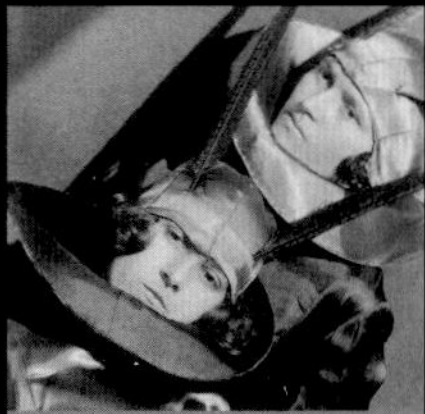
Jaromír **Funke**

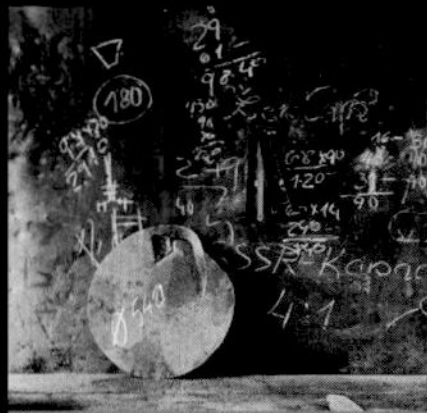
Ivo **Přeček**

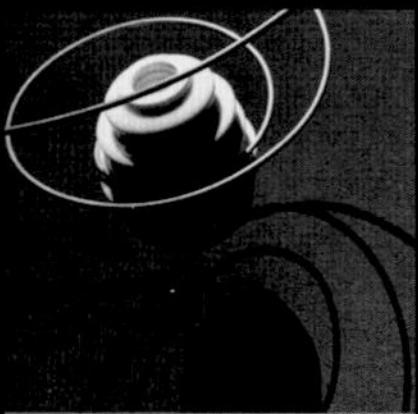
Eugen **Wiškovský**

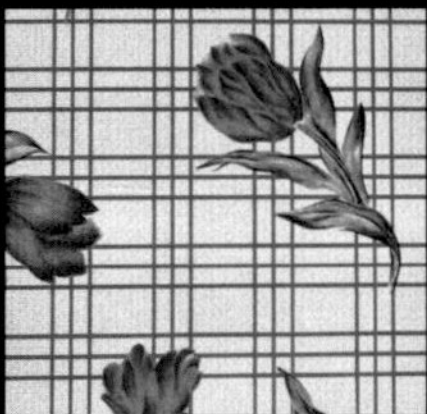
Dušan **Šimánek**

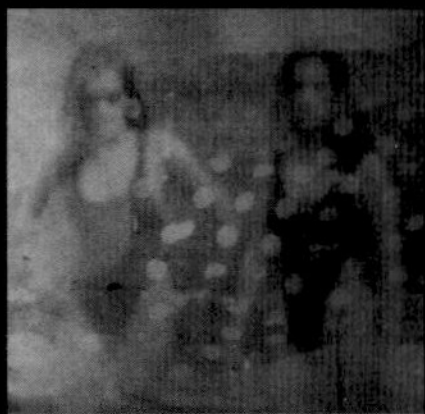
Miroslav **Tichý**

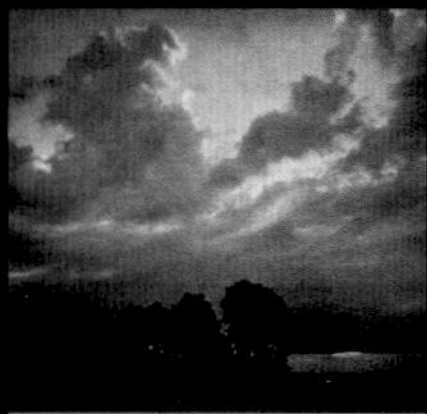
Josef **Binko**

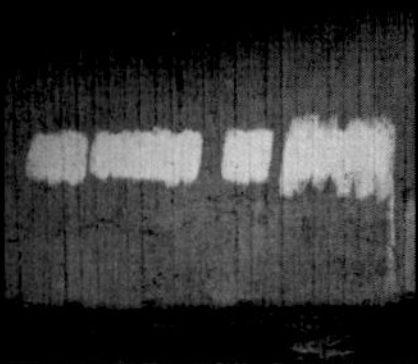
Tomki **Němec**

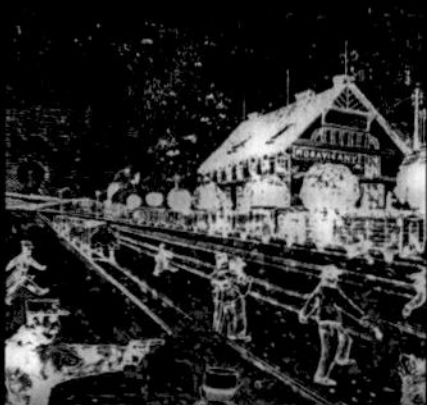
Jindřich **Přibík**

Jindřich Přibík

by Pavel Vančát
Translation: Derek & Marzia Paton
Graphic concept: Studio Najbrt, Prague
Graphic design: Pavel Lev & Klára Hájková, Studio Najbrt
Lithography: Art D, Prague
Printed by Trico, Prague
Copy editors: Jan Šulc and Derek Paton
Published by TORST
Address: Opatovická 24, Prague 1
CZ-110 00, Czech Republic
foto@torst.cz
First edition, 2008

Also available through D. A. P./Distributed Art Publishers
155 Sixth Avenue, 2nd Floor, New York, N.Y. 10013, USA
Tel: ++1 (212) 627-1999 Fax: ++1 (212) 627-9484